겟 아웃 각본집

Get Out
is published by Inventory Press LLC, Los Angeles, CA USA
inventorypress.com

All images courtesy of Universal studios.
Image on page 235 reproduced with permission from Boogle.

겟 아웃
각본집

조던 필

조던 필 감독 상세 해설판

GET OUT

THE COMPLETE ANNOTATED SCREENPLAY

차례

일러두기

1. 책에 수록한 오리지널 각본은 최종 공개된 영화와 다르게 표현된 부분이 있을 수 있다.

2. 단행본은 『 』로, 신문·잡지·영화·방송은 〈 〉로 표기했다.

3. 외래어 표기는 원칙적으로 국립국어원의 외래어 표기법과 규정 용례를 적용했다.

한국어판 서문: 영화 각본은 이렇게 쓰자

박찬욱

〈겟 아웃〉을 보면서 내 심장이 제일 오그라들었던 때는 로즈가 죽어갈 무렵 경찰차가—결국 그것은 경찰차가 아니었다는 사실이 잠시 후 드러나지만—나타나는 장면에서였다. 내 생각에 이 영화의 결정적 순간은 바로 여기다. 우리 주인공 크리스가 천신만고 끝에 악마의 소굴을 벗어나는가 싶었는데 때맞춰 나타나는 경찰차, 이것이 왜 관객으로 하여금 '오, 안 돼…' 내지는 '아, 이제 그만해' 하는 한숨을 쉬게 만드는가? 범죄집단으로부터 도망치려는 피해자에게 왜 경찰차는—다른 공포영화에서처럼—구원의 천사가 탑승한 운송 수단일 수 없는가? 우리 주인공은 흑인이고, 로즈는 백인인데 총을 맞았고, 경찰은 보나 마나 백인인데 크리스를 보나 마나 범인으로 단정 짓고 그에게 총을 겨누게 되리라고 예상을 하기 때문이다.

우리는 이미 영화 초반에 경찰차를 한 번 만났다. 그때 그 경찰관이 크리스에게 나쁜 짓을 했는가? 사실 그렇지는 않다. 그럴 수도 있었겠지만 그러기 전에 이미 로즈가 차단했으니까. 거기서 로즈는 따진다. "운전은 내가 했는데 왜 내 남자친구의 신분증을 요구하는가?" 백인 여자가 흑인 남자를 백인 경찰로부터 보호하는 이 상황에서 우리는 로즈에게 완전히 속아 넘어가게 된다. 적어도 나는 그랬다. '아…. 믿을 수 있는 사람이구나, 로즈는!' 이 멋진 활약을 보고 어떻게 그녀에게 반하지 않을 수 있겠나. 다른 종류의 선량함도 아닌 '내 (흑인) 남친은 내가 지킨다'는 이 여자의 미덕과 매력이 사실은 그 흑인을 노예로 만들려는 계략을 수행하는 데 있어 가장 중요한 수단이라는 사실을 알게 됐을 때 우리는 얼마나 배신감을 느끼는가. 신분증 제시 요구를 철회하도록 경찰관에게 항의한 것도 크리스가 이 동네에 왔었다는 기록을 남기지 않으려는 술책이었다는 데 생각이 미치면 우리는 각본가의 교활함에 치를 떨게 된다. 이 행동으로 크리스의 전폭적인 신뢰까지 얻었으니 로즈는 한 개의 돌로 두 마리의 새를 잡은 셈이다. 각본은 이렇게 쓰는 것이다.

〈겟 아웃〉은 신뢰의 문제를 다루는 영화다. 믿었던 여자친구, 믿음 가는 백인 지식인 가족, 믿음 가는 예술 애호가이자 갤러리 주인 등등. 마음을 주었다가 몸까지 **빼앗기는** 이야기다. 그 믿음의 정점에 있어야 마땅할 경찰이 우리 주인공에게는 가장 끔찍한 잠재적 가해자라는 미국의 사정이 이 한 장면에 고스란히 담겼다. 이 영화가 다루는 세계가, 아미티지 가족이 사는 작은 백인 마을의 범위를 훨씬 뛰어넘어 미국 전체로 확장되는 순간이다.

그렇게 경찰차의 등장으로 관객에게 최악의 공포를 맛보게 한 다음 곧바로 그 차가 (백인) 경찰의 차가 아니라 (흑인) 베스트 프렌드가 모는 교통안전청 차라는 사실을 소개함으로써 최상의 기쁨을 맛보게 하는 전개를 보라. 각본은 이렇게 써야 한다.

아니, 사실 최상의 기쁨은 그보다 조금 전에 맛봤다. (너무나 백인 중산층 계급의 우아한 지식인에게 어울리는 소품인) 본 차이나 찻잔에 금속 티 스푼이 부딪히는 소리만 들으면 속절없이 기절하고 마는 크리스가 이 망할 놈의 음향무기를 어떻게 무력화시키는지 보았을 때. 소파 가죽 안에 든 솜을 뭉쳐 귀를 막은! 그 솜은 어떤 현상 안의 실체고, 그것 자체로는 아무런 힘이 없다고 생각되는 보드라운 물질이고, 흑인 노예노동의 상징인 목화로 만들어진 소재고, 가장 아이로니컬하게도 순백의 어떤 것이다. 이 두 개의 솜뭉치는 내가 공포영화에서 본 어떤 무기보다 강하고 아름답고 재치 있는 것이다. 나도 이렇게 각본을 쓰고 싶다.

어떤 분야에서 백인보다 우월한 흑인이 더러 존재함을 인정하는 것으로 자기는 인종차별주의자가 아니라고 생각하고, 그런 스스로가 멋지다고 여기는 백인들을 웃음거리로 삼는 스탠드업 코미디쇼도 얼마든지 재미있겠지만, 공포영화라는 이 극단적인 장르의 세계에서는 그 백인들을 공포의 원인으로 정말 무시무시하게 묘사할 수 있다. 악을 조롱하지 않고 두려워하게 하는 것,

그래서 실재하는 위협으로 느끼게 하고 끝내는 맞서 싸우게 하는 것. 나는 이게 공포 장르의 매력이자 힘이라고 생각한다.

물론 영화의 끝에 가면 악인들은 처단되고 주인공은 탈출하지만 께름칙한 기분은 완전히 사라지지 않는 법이다. 〈겟 아웃〉의 경우, 월터와 조지나의 죽음이 바로 그런, 끝내 세탁되지 않는 얼룩이다. 그들은 아무 죄도 없이 죽어야 했으니까. 월터는 그나마 크리스를 구하고 스스로 존엄한 죽음을 선택한다지만 조지나는 끝까지 백인 할머니의 영혼을 가진 채 죽는다. 이보다 비참한 죽음은 아무리 공포 장르라도 보기 드물다.

전문가의 말: 〈겟 아웃〉과 흑인 호러 미학

타나나리브 듀

크리스: 내가 흑인인 거 가족들이 아시지?

2006년 나는 공동 작업자이자 남편인 스티븐 반스와 몇몇 프로듀서, 그리고 오스카상을 수상한 배우이자 지명 감독proposed director인 포레스트 휘태커와 내가 쓴 책을 영화로 각색하는 내용을 두고 피칭(기획한 영화에 대해 설명해서 투자나 제작 지원을 받는 일-옮긴이)을 했다. 그 소설은 세대 간 인종차별과 악마와 싸우는 흑인 가족에 관한 이야기였다. 피칭이 끝난 후 총괄 제작자는 영화의 소재와 캐릭터에 대해 극찬하고는 이렇게 물었다. "등장인물이 꼭 흑인이어야 하나요?"

휘태커는 단호하게 "예"라고 대답했고, 우리는 모두 원래 입장을 고수한 사실에 기분이 좋았다. 하지만 영화는 나오지 않았다. 그보다 10년 전 또 다른 내 소설의 판권을 확보한 스튜디오의 한 임원도 흑인 주인공 캐스팅 문제를 두고 고민했다고 인정했다. 그 소설은 미국 노예제에서 살아남은 불멸의 에티오피아인에 관한 이야기였다. 할리우드에서 흑인 공포물 창작자들이 겪은 경험은 대체로 이랬다. 지금까지는.

2016년 가을 내가 〈겟 아웃〉이라는 타이틀을 달고 나올 공포영화의 예고편을 보면서 입을 다물지 못한 것은 바로 이런 이유에서였다. 이 영화는 흑인 주인공이 등장하고, 명백하면서도 미묘한 방식으로 인종을 다루고 있으며, 흑인 청년이 침대와 바닥을 뚫고 가라앉아 나중에 내가 알게 된 "침잠의 방"이라는 은근하면서도 혁명적인 개념의 공간으로 들어가는 장면이 나왔다.

당시 나는 흑인 공포물의 역사를 지켜보고 있다는 사실을 몰랐다. 실제로 '영화 역사'가 만들어지고 있었다. 조던 필은 아프리카계 미국인 최초로 아카데미 최우수 오리지널 각본상을 받았다. 영화 본편은 도심지 외곽의 백인 주택 지역에서 고립된 채 길을 잃은 안드레(라키스 스탠필드)의 오프닝 장면부터 흑인의 두려움, 인종 관계, 거짓으로 흑인 편을 드는 사람, 흑인의 신체에 대한 탐욕과 전유, 노예제도의 유산, 인종에 대한 미묘한 차별, 트럼프 시대의 시작에 따른 탄압을 "침잠의 방"이라는 세련된 은유로 묘사하여 예고편의 약속을 뛰어넘었다.

조지 로메로의 〈살아 있는 시체들의 밤〉에서 좀비를 닮은 백인 '악귀들'에 맞서는 벤 역의 듀에인 존스가 1960년대의 문화와 민권 혁명을 대표했듯이, 윌리엄 크레인의 〈블라큘라〉가 흡혈귀의 전형을 1970년대 아프리카의 유산과 흑인의 권익 신장에 대한 열망으로 새롭게 표현했듯이, 〈이블 게이트〉에서 러스티 쿤디

에프가 보여준 멋진 복수극이 1990년대 LA 경찰의 로드니 킹 폭행 사건 이후 영화팬에게 스크린에서 정의를 안겨주었듯이, 〈겟 아웃〉은 표면적으로 드러난 크리스의 이야기뿐 아니라 그 이면에 숨겨진 더 깊고 오래된 이야기에 영향을 받은 작품이다. 흑인의 역사는 흑인 호러 그 자체다. 실제 트라우마를 상상 속 괴물과 악마로 재구성하여 스크린에 담아내는 이 장르는 미국 흑인들의 경험에 딱 들어맞는다.

흑인 호러 관객

로드: 인마, 이게 어떻게 안 무서울 수 있지?

그렇다면 흑인들은 왜 공포영화를 그토록 좋아할까? 영화 〈겟 아웃〉이 명백히 보여주듯이 공포물은 인종적 트라우마를 시각화하고, 직면하고, 극복하기 위한 훌륭한 장치다. 나는 돌아가신 어머니이자 민권 운동가인 패트리샤 스티븐스 듀에게서 이 장르에 대한 애정을 물려받았다. 어머니는 1960년 플로리다주 탤러해시에서 평화적인 시위행진을 하던 중 경찰이 투척한 최루탄에 얼굴을 다친 사건 이후 평생 선글라스를 썼다. 〈드라큘라〉와 〈더 플라이〉처럼 어릴 적 어머니가 보여준 유니버설 픽처스의 고전 공포영화에는 흑인이 나오지 않는 경우가 많았다. 어머니가 공포물에 매력을 느낀 것은 〈겟 아웃〉이 인종적 트라우마를 전달하는 예술적 수단으로서 매우 효과적이었던 것과 같은 이유에서라고 생각한다. 왜냐하면 우리 흑인은 종종 적대적이거나 두려운 '하얀 것'에 둘러싸인 소수자라서 공포물은 우화적 괴물을 시각화하는 데 도움을 주고, 압도적인 힘에 맞서 생존과 반항에 관한 해방과 교훈을 줌으로써 대응 기제로 작용할 수 있기 때문이다.

어릴 적 어머니와 같이 본 영화 중 하나는 〈두더지 인간The Mole People〉(1956)으로, 어둡고 끔찍해서 두더지 같은 사람들에 의해 땅속으로 끌려가 지하 세계를 발견하는 연구자들에 관한 이야기다. 나는 처음에 감독의 의도대로 두더지 인간들이 소름이 끼쳤지만, 인간 감독관들이 두더지 인간들을 채찍질하고 학대하는 모습을 보면서 아직 어렸는데도 그게 노예제도를 비유한 것을 알아챘기 때문에 두더지들이 반란을 일으킬 때 오히려 기뻤다. 우리 모녀는 공포영화를 보면서 어떤 때에는 괴물과 싸우는 백인 배우에 공감하고, 어떤 때에는 사회에서 기피되고 사냥당하는 괴물에게 공감했다. 어느 쪽이든 공포영화를 보는 것은 어머니가 인종차별의 공포에서 벗어나는 방법이었으며, 어머니는 그런 공포영화 사랑을 내게 물려주었다.

〈겟 아웃〉이 지닌 힘의 핵심은 감독이 스크린에 담으려 한 의도와, 감독이 만족시키려 했던 특정한 흑인 호러 관객의 요구 모두에 있다. 실제로 조던 필 감독은 이렇게 밝혔다. "〈겟 아웃〉은 모든 관객을 위해 만들었습니다. 이 영화를 본 누구나 내용을 이해하길 바랐어요. 그렇지만 진짜 흑인 관객을 위해 만든 것도 사실입니다. 흑인 관객이 이해하지 못하거나 좋아하지 않는다면 실패한 거죠."[1]

〈겟 아웃〉은 백인 여자친구 로즈(앨리슨 윌리엄스)의 가족과 함께 보낸 주말이 인종차별에 따른 납치와 SF영화에나 나올 법한 시신 탈취의 악몽으로 변해버린 크리스(대니얼 칼루야)의 이야기 외에도 공포영화와 할리우드, 미국 역사를 더럽혀 온 수십 년간의 삭제, 학대, 진부함, 해로운 비유를 바로잡는다.

흑인 영화 관객 다수는 공포물을 좋아하고 여러 세대에 걸쳐 그래왔다. 공포물은 흑인 영화 관객에게 실질적인 피해 없이도 위험을 경험하게 해준다. 위험을 피하기는커녕 위험을 향해 걸어가는 주인공을 보며 신음하는 동안에도 상상의 괴물에 맞서 긴장을 풀고 일체감을 형성하게 하면서 말이다. 리처드 프라이어는 영화 〈엑소시스트〉를 풍자해 고전이 된 1974년 스탠드업 코미디에서 이런 말을 했다. 흑인 배우가 〈엑소시스트〉에 캐스팅되었다면 "악마가 '안뇨오오오옹. 잘 가'"[2]라고 하자마자 7분짜리 영화로 끝났을 것이다. 조던 필이 밝혔듯이 "흑인 호러팬들이 주인공이 얼마나 멍청한지에 대해 유별나게 왈가왈부한다는 생각은 종종 고정관념이지만 사실에 기반한 고정관념이다. 나는 그것이 단지 피부뿐 아니라 감정을 제대로 표현되지 못한다는 불만에서 비롯된 것으로 생각한다."[3]

공포영화는 장르에 대한 흑인들의 애정에 보답하기는커녕 흑인을 지워버리거나 무시할 때가 많았다. 〈국가의 탄생〉에 나오는

"괴물 같은" 검은 얼굴의 거스부터, 스탠리 큐브릭의 〈샤이닝〉에서 스캣맨 크로더스의 허황된 희생, 백인 여성에 집착하는 〈캔디맨〉에 이르기까지 공포영화는 흑인을 의미 있게 묘사할 잠재력이 있음에도 기대에 한참 미치지 못했다. 영화에서 흑인을 제대로 표현하지 못하는 것은, 공포물에서도 예외가 아니며 이는 적대적인 망각의 행위다.

〈겟 아웃〉의 특별한 천재성은 아프리카계 미국인의 가장 지속적인 두려움과 트라우마를 반영하는 동시에, 피부가 까만 사람을 만나면 마법의 단어처럼 버락 오바마나 타이거 우즈를 언급하는 기침 반사 같은 문제적 태도와 행동을 확인할 수 있는 백인 사회, 특히 백인 자유주의자들의 얼굴을 비추는 거울로 작용하는 방식이다. 또는 불편함과 인종차별을 숨기고, 잘못된 공감대 형성을 조장하거나, 자신들의 특권을 최소화하는 것처럼 보이기 위한 흑인 속어와 문화에 대한 심취도 보여준다.

〈겟 아웃〉의 전제는 미국 인종 역사의 갈등에서 가장 휘발성 있는 커플 관계인, 크리스와 로즈라는 흑백 관계를 통해 흑인과 백인 관객을 이어주는 것이다.

〈겟 아웃〉과 백인 여성

라토야: (동료들에게) 백인 여자들한테 매번 당할 거라잖아요.

16

〈겟 아웃〉이 나오기 거의 100년 전, 사회운동가이자 에세이스트 겸 전미유색인종지위향상협회 공동 창립자인 W. E. B. 듀보이스는 종말 이후를 그린 SF 공포 소설 『혜성The Comet』에서 흑백 커플에 관한 이야기를 썼다. 소설 속에서 혜성이 뉴욕시를 강타한 후 살아남은 유일한 두 사람은 흑인과 백인이다. 1920년에 출간한 이 책은 미국의 린치 위기에 대한 문학적 대응이다(이 기간에 종종 흑인 남성은 백인 여성을 강간했다는 거짓 누명을 쓰고 린치를 당했다). 알려진 유일한 생존자인 짐과 줄리아는 인종 장벽이 무너진 세상을 물려받게 된다. 하지만 두 사람이 앞으로 벌어질 일에 대해 고민하기 시작하자마자 줄리아의 아버지와 한 무리의 백인들이 이들을 발견하고는 짐을 린치하라고 고함친다. 줄리아는 짐이 자신을 구해줬다고 설명하지만 이내 짐을 외면하며 다시 백인 무리로 사라진다. 진짜 세상의 종말이 와야만 두 사람이 하나가 될 수 있었을 것이다.

백인 인종차별주의자들은 흑인 남성이 백인 여성과 사귀고 강간할지도 모른다는 특이한 두려움을 오랫동안 가졌고, 그것은 편견이 투영된 것이다. 부분적으로 미국 역사는 노예가 된 흑인 여성에 대한 조직적인 강간에 기반하고 있다. 1959년 베티 진 오언스 사건 전까지 남부의 흑인 여성은 백인 남성을 상대로 벌인 강간 사건 재판에서 이긴 적이 없었다.[4] 보복의 두려움은 KKK단이 백인 여성의 "순결"을 지키기 위해 들고일어나야 한다는 내용의 영화 D. W. 그리피스의 〈국가의 탄생〉(1915)을 만든 감정적 원

동력이 되었다. 1955년 14세 에멧 틸의 피살 사건이든 1923년 로즈우드 학살, 1921년 털사 학살, 또는 아바 뒤베르네의 드라마 〈그들이 우리를 바라볼 때〉에서 묘사한 "면책된 5인"이든, 모두 강간이나 성희롱 혐의가 흑인 남성과 백인 여성을 둘러싼 대표적인 인종차별적 서사다. 〈살아있는 시체들의 밤〉(1968)의 시작 부분에서 한 백인 여성이 흑인 남성과 함께 어느 집에 갇히는 장면은 무언의 불안감을 자아낸다. 좀비가 나타나기도 전에 인종차별주의자들은 숨을 헐떡였을 것이다.

영화, 특히 역사 공포영화에서 흑인 남성은 종종 괴물처럼 묘사되곤 한다. 하지만 〈겟 아웃〉에서는 그렇지 않다. 그 대신 백인 캐릭터, 특히 백인 여성이 괴물이다.

시드니 포이티에가 젊은 백인 사교계 여성과 약혼한 신사적인 흑인 의사 역할을 연기한 영화 〈초대받지 않은 손님〉은 〈겟 아웃〉이 묘사한 인종 간 이미지의 주요한 선구작이라고 할 수 있다. 〈초대받지 않은 손님〉에서 캐서린 헵번이 기절할 뻔한 에피소드는 〈겟 아웃〉에서 딸의 흑인 남자친구를 마주한 딘이 툭하면 "자네my man"라는 표현을 사용하는 장면을 떠올리게 한다. 포이티에가 연기한 프렌티스 박사와 마찬가지로 크리스는 백인 가족에게는 예의 바르고 성공한 인종 홍보대사다. 크리스는 엄마 없이 자랐다는 비극적인 배경과 함께 성격도 좋아서 공감을 불러일으킨다. 하지만 포이티에의 영화 제목에서 느껴지는 농담조 대신 〈겟 아웃〉에서는 훨씬 더 순탄하지 않은 가족 방문이 펼쳐진다.

〈겟 아웃〉에서 크리스와 로즈, 그리고 인종은 2017년 스타일의 인종차별 격동기에 벌어지는 이야기의 중심에 있다. 조던 필의 미국에서는 린치 집단이 두건을 쓰고 십자가에 불을 붙이는 게 아니라 경찰 제복을 입고 티키 횃불을 휴대한다. 그리고 최초의 흑인 대통령인 버락 오바마가 당선되면서 8년 동안 이어져 온 국가적 논의에 불이 붙었다.

조던 필은 트레이본 마틴이 죽어가며 절규와 함께 "Black Lives Matter"라는 구호가 탄생하는 동안에도 "인종차별 이후의 거짓말post-racial lie"[5]이라는 표현을 적절하게 사용했다. 인종차별은 이미 수면 아래로 잠겼지만 교도소, 법원, 치안, 주택, 고용, 학교 등에서 체계적으로 작동했고, 흑인을 비롯한 소수인종은 개별적으로 그 존재를 증명해야 하는 부담을 안고 있었다. 〈겟 아웃〉이 미래를 잘 내다본 측면 중 하나는 영화가 도널드 트럼프의 당선 이후에 개봉했지만 조던 필은 겉으로 보기에 평온했던 오바마 시절에 시나리오를 썼다는 점, 즉 눈에 잘 보이지 않는 괴물에 대한 경고를 담은 이야기라는 점이다.

크리스가 로즈는 진짜 우리 편이 아니고 자동차 열쇠를 절대 넘겨주지 않을 것이라는 끔찍한 사실을 깨닫는 것처럼, 전문가들은 백인 여성의 53%가 트럼프에게 투표한 사실에 주목했다. 흑인들은 인종차별이나 백인 가부장제에 맞서 싸우는 과정에서 대다수 백인 여성을 우리 편이라고 부를 수 없었다. 조던 필이 지적했듯이 코아글라 수술은 로즈의 할아버지가 만든 것으로, 딘과 그의 자녀들은 납치 문화 속에서 자랐지만, 엄마 미시는 마녀나 쓸 법한 최면술의 대가이자 자발적인 공범으로서 이 정신 나간 가족의 일원이 되었다(나는 UCLA 강의실에 조던 필이 깜짝 방문하는 사실을 학생들이 알아채지 못하도록 로즈의 배신 장면을 틀어준 적이 있다).

영화 〈겟 아웃〉에서처럼 흑인의 운동 능력과 예술적 스타일에 대한 백인 사회의 호감 표현은 미국을 다시 백인의 나라로 만들려는 욕망, 즉 흑인이 목소리도 힘도 없이 착취당하고 통제당하던 시절로 돌아가려는 가면일 뿐이다.

"침잠의 방"과 인종 탄압의 공포

미시: 이제 바닥으로 가라앉아.

크리스: 잠깐만요.

미시: 가라앉아.

조던 필은 "침잠의 방"이라는 표현을 필요한 시점에 딱 맞춰 제시했다.

〈겟 아웃〉 각본을 쓸 때 조던 필은 35페이지에서 사람들을 깜짝 놀라게 해야 한다는 것을 알았다. 사슴이 길에서 치여 죽은 것은 징조이자 전조였다. 하지만 영화의 나머지 대부분은 다면적인 인물 묘사, 로즈의 아버지 딘의 "오바마가 3선에 나오면 표를 줬을 것"이라는 악명 높은 대사를 비롯한 미묘한 차별, 흑인 가정부 조지나와 흑인 정원사 월터의 이상한 행동으로 인종차별 버전의 〈스텝포드 와이프〉를 만들고자 하는 감독의 욕구를 넌지시 보여준다. 뭔가가 잘못되었지만 관객은 정확히 뭔지 알 수 없다.

어느 늦은 밤 크리스는 집무실에 있는 미시와 마주친다. 미시의 찻잔도 함께 있었다. 그리고는 고전이된 공포의 순간이자 은유가 탄생했다. 조던 필은 우리 학생 60명에게 이와 관련된 이야기를 들려주었다.

> 영화에서 가장 무서운 일이 벌어져야 한다는 걸 알았어요... 잠이 들려고 하는데 쓰러질 것 같은 기분이 든 적이 있나요? 자기 몸을 통제하지 못할 때 어떨까요? 어디로 떨어졌나요? 저는 그 장면을 쓰고, 설계했고, 결국 어떤 영감이 떠올라 이 영화가 무슨 영화인지에 관해 더 깊이 이해하게 되었어요. 그래서 어두운 구덩이에 빠진 크리스라는 이미지를 두고 2년, 3년간 영화의 윤곽을 잡아갔고, 내가 감옥 산업 시스템에 관해 이야기하고 있다는 것을 깨달았어요. 이 사람들은 흑인을 납치해서 구덩이에 던져 처넣는데, 우리 사회는 그들을 마음 한구석으로 밀쳐놓고 있죠.[6]

조던 필은 이 장면을 쓰면서 얼마나 많은 흑인 젊은이가 사소한 마리화나 위반으로 장기형을 선고받고 감옥에 갇혀 있는지를 떠올리며 눈물이 났다고 했다. 하지만 감옥 산업 체계는 조던 필이 내부 또는 외부의 탄압으로 묘사한 "침잠의 방"의 한가지 사례일 뿐이다. "침잠의 방"은 도널드 트럼프를 지지하는 흑인, 경찰의 폭력에 대한 저항의 의미로 무릎을 꿇었다는 이유로 콜린 캐퍼닉을 미식축구에서 퇴출하려는 미식축구협회의 공모, 불법 교통 단속으로 인한 샌드라 블랜드의 죽음, 노예제도에 뿌리를 두고 노예 해방에서 살아남은 백인 우월주의와 그 유산을 고집스럽게 거부하고 있는 국가를 설명하는 개념적 표현이기도 하다. 재즈, 블루스, 로큰롤의 인기는 백인 아티스트들을 통해 흑인 음악을 맛깔스럽게 만든, 코아글라 수술을 거꾸로 한 것이다. 이 나라는 실제 흑인의 흑인성, 흑인의 건강과 행복, 흑인의 생명을 제외한 모든 것에서 흑인을 중시한다. "침잠의 방"은 흑인을 억누르는 시스템이다. 조던 필은 이렇게 말한다.

저는 "그 시스템"과 조직적인 인종차별에 관해 이야기할 만한 사람이 아니었어요. 인종차별주의와 그것이 어떻게 영구화하는지 개인적 측면에서 바라봤는데, 이 영화의 시나리오를 쓰는 일이 정말 제 눈을 뜨게 해준 것 같아요. 그 장면을 쓰면서 눈물이 나기 시작했어요. 얼마나 거대하고 극복할 수 없는 것처럼 보이는 조직적 인종차별인지 깨달았기 때문입니다. 인종차별은 여러 다양한 가해자와 관련되고, 우리를 포함한 피해자가 관련되고, 다양한 형태가 존재합니다... 저에게 "침잠의 방"에서 가장 큰 부분은 우리의 입을 막고, 우리의 외침을 막고, 콜린 캐퍼닉이 목소리를 냈다는 이유로 문화로서 우리가 그에게 한 일, 입을 막거나, 입을 막으려는 시도입니다. 여러 위대한 민권 지도자, 특히 마틴 루서 킹 주니어 목사가 우리에게 가르친 것의 아름다움은 우리의 목소리가 폭력, 억압, 증오에 대항할 수 있는 무기라는 점입니다. 그런 목소리를 막는 일은 감옥에서도 벌어지고, 운동선수에게도 벌어지며, 공포영화에서 흑인을 제대로 표현하지 못하는 데에서도 벌어지고, 이 산업의 모든 부분에서 벌어집니다.

〈겟 아웃〉이 남긴 유산

크리스: 왜 흑인들을...?
짐: 모르지 뭐. 사람들은 변화를 원해.

흑인과 소수자 창작자들이 종종 받는 질문 중 하나는 "우리의 이야기는 항상 억압에 맞서는 투쟁에 관한 것이어야 하는가?"다. 대답은 절대 "아니오"다. 흑인 이야기에서 피할 수 없는 유일한 것은 비흑인 이야기와 똑같다. 즉 우리 인간의 투쟁을 전달하는 것이다. 우리의 투쟁 중 일부는 사회와의 투쟁이지만, 자기 자신이나 가족, 공동체와의 투쟁이기도 하다. 이 모든 이야기는 흑인의 이야기이기도 하다.

공포영화에 흑인 주인공이 등장하는 것은 여전히 드문 일이다. 나는 흑인 호러 미학을 강의하는데, 강의 내용에는 인종 분쟁에 관한 책과 영화와, 인종적 트라우마와 노예제에 대한 은유뿐 아니라 종교와 의식, 도덕성 이야기, 윤리적 딜레마, 관계와 공동체의 보존에 관한 이야기도 있다. 공포영화 속 흑인은 개그 캐릭터, 희생양, 영적 인도자 또는 노골적인 익명의 인물로 제한한 전통적인 관례의 늪에서 여전히 벗어나지 못하고 있다.

조던 필 감독의 새 영화 〈어스〉에는 주연인 루피타 뇽오와 윈스턴 듀크를 비롯한 흑인 출연진이 등장한다. 이 영화는 1903년 출간한 『흑인 민중의 영혼』에 나오는 뒤 보아의 "이중 의식" 개념("두 개의 영혼, 두 가지 생각, 서로 어울리지 못하는 두 개의 분투, 즉 하나의 어두운 몸 안에서 서로 싸우는 이상, 그 끈질긴 힘만으로 갈기갈기 찢어지지 않는 것")에 영향을 받았다.

하지만 모든 프레임이 흑인의 존재에 대한 오마주라는 점을 제외하면 플롯 자체는 인종과 직접적인 관련이 없다. 자주성, 지성, 용기를 가지고 행동하는 〈어스〉의 흑인 등장인물은 〈겟 아웃〉과는 다른 전선에서 혁명을 일으키고 있지만, 혁명적이라는 점에서는 같다.

그럼에도 〈겟 아웃〉에서 인종차별을 대놓고 괴물로 묘사한 것은 꼭 필요했다. 관객에게 예상치 못한 반전을 주는 멋진 공포일 뿐 아니라 이야기할 만한 시점이기 때문이다. 〈겟 아웃〉의 성공으로 다른 여러 흑인 창작자도 혜택을 받았으며, 앞으로도 받을

것이다. 흑인 호러는 모든 종류의 호러팬들에게 신선한 이야기를
제공할 수 있는 풍부한 하위 장르다.

조던 필 감독이 흑인 호러팬들에게 보내는 러브레터이자, 이
나라의 미래를 걱정하는 모든 미국인에게 보내는 경종인 〈겟 아
웃〉에는 스크린 안팎으로 풍성한 내용이 담겨 있다. 나는 몇 번이
고 〈겟 아웃〉을 볼 때마다 아미티지 가족에 대해 잘 모르고 신뢰
하던 크리스가 찻잔을 든 미시를 마주하며 "침잠의 방"에 떨어지
게 되는 장면에서 손에 잡힐 듯한 공포를 느낀다. 그다음 장면은
그런 공포가 더 심해진다. 우리는 크리스가 온전히 혼자라는 걸
알기 때문이다. 조던 필은 이런 유명한 말을 트위터에 올렸다.

"〈겟 아웃〉은 다큐멘터리다."[7]

모든 위대한 예술이 그렇듯, 이 영화는 너무 사실적이어서 힘
이 있다.

1. Horror Noire: A History of Black Horror. Directed by Xavier Burgin(2019, New York: Shudder/AMC)·

2. Richard Pryor, "Exorcist," track 5 on That Nigger's Crazy(Memphis: Stax Records, 1974)·

3. "Interview with Jordan Peele." January 15, 2015, https://youtu.be/U8JnbAVt7IU.

4. Danielle L. McGuire, "'It Was Like All of Us Had Been Raped': Sexual Violence, Community Mobilization, and the African American Freedom Struggle." Journal of American History 91, no. 3, (Dec. 2004): 906-31.

5. Mia Galuppo, "Jordan Peele on Writing Get Out During the Obama Administration and a "Post-Racial Lie." The Hollywood Reporter, October 22, 2017.

6. "On the Origin of the Sunken Place, "Jordan Peele UCLA Master Class Pt. 4, UCLA African American Studies Department, October 12, 2017. https://youtu.be/okRNWKWq_4g.

7. Jordan Peele, Twitter post, November 15, 2017, https://twitter.com/jordanpeele/status/930796561302540288?lang=en

감독의 말

조던 필

233쪽에서 이어지는, 아래 감독의 해설은 2019년 할리우드에 있는 멍키포 프로덕션 집무실에서 진행한 조던 필과의 인터뷰 내용 중 일부를 발췌한 것이다. 이 인터뷰에서 조던 필은 〈겟 아웃〉의 각본을 작성하는 과정을 장면별로 회고하며 등장인물의 동기와 줄거리 구조, 영화의 주제적 요소와 숨겨진 의미에 대한 통찰을 제공하고, 영화의 배경이 된 아이디어가 시나리오 작성과 영화 제작 과정에서 어떻게 발전했는지 설명한다.

이 영화의 각본을 쓰는 데 거의 10년이 걸렸다. 2008년 혹은 2009년에 나온 초안은 새 여자친구와 함께 여자친구의 고등학교 시절 친구들을 만나러 집으로 가는 남자의 이야기였다. 다들 사적인 농담과 경험을 나누지만 자신은 배제되는 이상한 사람이라는 아이디어를 바탕으로 썼다. 그리고 그것이 어떻게 특정한 불편함과 소외감을 불러일으키는지에 대한 내용도 담았다. 이렇게 초안 단계에서는 인종적인 측면보다는 관계에 관해 생각했다. 어느 순간 영화 〈초대받지 않은 손님〉에서 아이디어를 얻는 돌파구를 찾았다. 〈초대받지 않은 손님〉과 같은 주제를 다루지만 더 어두운 버전의 비슷한 이야기를 들려주는 방식으로 내가 할 수 있는 일이 있다는 것을 깨달았다. 그 영화는, 예컨대 동시대 아이라 레빈이 쓴 소설 『로즈메리의 아들』과 『스텝포드 와이프』와 더불어 내가 모방하고 현대화하고 싶던 고전적인 스토리텔링의 느낌이 있었다(소설 『Rosemary's Baby』에서 "Baby"는 국내에서 "베이비", "아들", "아기" 등으로 다양하게 옮겨졌다. 이 소설을 원작으로 한 로만 폴란스키 감독의 영화는 〈악마의 씨〉로 소개되었다-옮긴이). 그 시점부터 실제 촬영 첫날까지 캐릭터와 아이디어를 계속 발전시켜 나갔다. 한동안 설정은 이해가 됐지만 이야기가 어디로 흘러갈지, 공포영화적 요소를 어떻게 구체화할지 몰랐다. 그저 끔찍한 결말을 맞이하는 일종의 고문을 상상할 뿐이었다. 몇 달 동안 글을 쓰다가 잠시 쉬었다 다시 돌아와서 새로운 요소를 추가하곤 했다. 이야기를 써 내려갈 동력이 없이 그저 뭔가 하고 있을 뿐이었고 그런 상황은 내게 더 나은 작가가 되라는 교훈을 주었다.

나는 흑인 관객이 원하지만 본 적이 없는 공포영화를 선사하겠다는 생각으로 각본 작성에 뛰어들었다. 현재의 공포에 대한 포스트모던한 해석이 될 터였다. 흑인을 위한 〈스크림〉 같은 영화 말이다. 〈겟 아웃〉은 극장에서 스크린을 볼 때 극 중 벌어지는 일을 통제할 수 없는 데 따른 무력감을 견뎌내는 것에 관한 영화다. 어두운 방에 갇혔고 스크린에는 우리가 소통하면서 우리를 대표할 존재가 거의 없다. 나는 어떤 식으로든 그런 대표성 향상에 기여하기로 마음먹었다. 흑인 관객에게는 이런 방식으로 두려움과 고통을 극복할 기회가 충분히 주어지지 않기 때문이다. 물론 흑인 공포영화가 만들어진 전례가 있지만, 업계와 할리우드의 실질적인 지원을 받은 영화는 없다. 공포물은 본질적으로 조작과 속임수를 사용하기 때문에 교묘한 예술 형식이다. 그래서 이 아이디어는 내 안에서 다음과 같은 논쟁을 촉발했다. 이 문제를 엔터테인먼트를 통해 다룰 책임이 나에게 있는가, 아니면 공포물이기 때문에 영화의 본질은 사소하게 여길 것인가? 나는 크리스의 비극적인 결함인 트라우마에 직면하지 못하고 방치하는 태도가 내가 이 문제를 다룰 때 느꼈던 것과 같은 형태의 방치와 본질적으로 같다고 늘 생각했다. 크리스는 눈앞에 있는 진실을 보지 못하고 주변에 있는 거짓을 꿰뚫어 보지 못한다. 그것이 그를 곤경에 빠트리고 감옥 같은 곳에 처넣으며, 우리가 크리스에게 "여기가 막장이란 걸 모르겠어? 여기가 흑인의 고통으로 번성하는 곳이라는 걸 모르겠냐고?"라고 소리치게 만드는 것이다. 이러한 방관은 자신의 고통뿐 아니라 어머니의 고통에 대해 행동하지 않은 것과도 관련이 있다. 크리스는 어머니가 곤경에 처한 사실을 확실히 알지 못하지만, 곤경에 처했다고 생각하면서도 행동하지 않는다. 그래서 본질적으로 이것은 우리 모두가 가진 사각지대다. 우리는 우리 자신의 본능적 직감을 무시하고 외면하며 모든 것이 괜찮다고 스스로 설득한다. "그"가 사실을 알아차렸을 때는 이미 너무 늦다.

　"침잠의 방"의 전체 콘셉트도 매우 유기적으로 떠올랐다. 사후 세계에서 자신이 살던 곳을 돌아보면 어떨까? 최악의 악몽처럼 들린다. 시나리오를 쓰는 초기 단계에서는 노예제도에 대한 공포를 다룬 영화에 대해 생각했다. 그러다 문득 뭔가가 떠올랐다. 200년 전에 벌어진 끔찍한 일인 노예제가 지금도 존재한다는 생각이었다. 사이드야 하트먼은 이를 "노예제 이후의 삶"이라고 부른다. 우리는 여전히 그 영향을 받고 있다. 흑인들은 수많은 죽음, 제한된 자원, 대량 감금, 납치 등을 감당해야 한다. 오늘날에는 납치 사건이 공공연하게 일어나고 있다. 나는 크리스가 텔레비전에 빠져 어머니에 대한 책임을 소홀히 한 것 같다는 생각에 동조하게 되었다. 동시에 내가 이런 현대적 형태의 납치 문제에 소홀했다는 사실을 깨달았다. 뭔가 장난스럽고 재미있는 글을 쓰기 시작했지만 다음과 같은 사실도 깨달은 것이다. "와 씨발, 이게 실제로 만들어지면 정말 중요해지겠는 걸."

영화 크레딧

제작진

감독 및 작가	조던 필
프로듀서	조던 필
	에드워드 H. 햄 주니어
	제이슨 블룸
	션 맥키트릭
총괄 프로듀서	레이몬드 맨스필드
	쿠퍼 새뮤얼슨
	숀 레딕
	지넷 볼투르노
공동 프로듀서	베아트리즈 세퀘이라
	제라드 디나르디
	마르세이 A. 브라운
촬영 감독	토비 올리버
아트 디렉터	크리스 크레인
프로덕션 디자이너	러스티 스미스
편집	그레고리 플롯킨
의상 디자이너	나딘 해더스
작곡가	마이클 아벨스

음악 감독	크리스토퍼 몰레르
캐스팅 디렉터	테리 테일러
유니버설 픽쳐스 제공	
블룸하우스 / QC 엔터테인먼트 프로덕션	
몽키포 프로덕션과 제휴	
조던 필 필름	

촬영은 2016년 여름과 2016년 12월에 앨라배마주 모바일과 앨라배마주 페어호프 근처에서 진행되었다. 로스앤젤레스 시사회는 2017년 2월 10일 금요일 리갈 시네마스 L.A. 라이브에서 열렸다.

출연진

크리스 워싱턴	대니얼 컬루야
로즈 아미티지	앨리슨 윌리엄스
미시 아미티지	캐서린 키너
딘 아미티지	브래들리 휘트포드
제레미 아미티지	케일럽 랜드리 존스
월터	마커스 헨더슨
조지나	베티 가브리엘
안드레 로건 킹	라키스 스탠필드
짐 허드슨	스티븐 루트

로드 윌리엄스	릴 렐 하우리
리사 디츠	애슐리 르콘테 캠벨
고든 그린	존 윌못
에밀리 그린	캐런 L. 라키
에이프릴 드레이	줄리 앤 도안
파커 드레이	러더포드 크레이븐스
필로미나 킹	제랄딘 싱어
히로키 다나카	야스히코 오야마
로먼 아미티지	리처드 허드
라토야 형사	에리카 알렉산더
드레이크 형사	헤로니모 스핑크스
가르시아 형사	이안 카셀베리
라이언 경관	트레이 버반트
경찰관 #1	존 도노휴
경찰관 #2	션 폴 브라드
크리스 아역	자일랜드 애덤스

각본 용어

Close on	장면 내 피사체를 확대해서 보여줌
EXT	실외 촬영
INT	실내 촬영
Intercut	진행되고 있는 화면에 다른 장소 상황을 번갈아가며 보여줌
O.S.	장면에 존재하지만 화면에 등장하지 않은 인물의 대사, 소리
V.O.	장면에 존재하지 않는 인물의 대사

겟 아웃 각본

그러므로 형제 여러분, 저는 하나님의 자비로 여러분에게 호소합니다. 여러분의 몸을 하나님이 기뻐하시는 거룩하고 드릴 만한 산 제물로 드리는 것이 영적 예배라고 말입니다. 여러분은 이 세상을 본받지 말고 오직 마음을 새롭게 함으로 변화하세요. 시험하고 분별함으로써 선하시고 완전하신 하나님의 뜻을 발견할 수 있습니다.

_로마서 12:1-2

1막

EXT. 교외 – 밤

삭제 장면 280쪽 참조

29세의 아프리카계 미국인 남성인 안드레가 휴대전화 통화를 하며 인도를 걷는다.

안드레: 이봐, 어떤 미친놈이 "에버그린 레인"에서 1킬로미터도 안 떨어진 곳을 에버그린 도로라고 이름을 붙였을까?

크리스털(O.S.): 오, 젠장. 너 지금 에버그린 레인에 있어?

안드레: 나도 그걸 알아내는 데 존나 오래 걸렸어. 지금 으스스하고 헷갈리는 교외를 걷고 있다니까.[1]

두 사람은 웃는다.

안드레: 근데 농담 아냐. 여기서 존나 튀는 존재처럼 있다고.

크리스털(O.S.): 거기 있어, 우리가 데리러 갈게.

안드레: 아냐, 지금 10분 정도 남았어. 괜찮아. 술 한잔했으면 하지만 괜찮아.

크리스털(O.S.): 알았어, 미안해, 인마. 담에 만회할게.

안드레: 나도 그럴게. 이따 봐.

안드레가 전화를 끊는다. 안드레가 걸음을 멈추고 걸어왔던 길을 돌아본다. 어둡고 텅 비어 있다. 안드레가 앞에 놓인 길을 올려다보니 유리창을 선팅한 빈티지 크림색 포르쉐 한 대가 안드레를 지나친다.

개 한 마리가 짖는다. 안드레 뒤에서 포르쉐가 유턴을 한다. 이제 차가 안드레 뒤쪽 도로로 서서히 올라온다. 차는 안드레를 쫓고 있다.[2]

INT. 스포츠카 - 계속

안드레를 바라보는 운전자 시점. 운전자의 숨소리가 커피 캔에 담길듯 깊고 가늘게 울린다. 카오디오에서 〈도망가, 토끼야, 도망가Run, Rabbit, Run〉가 들린다.

EXT. 교외 거리 - 계속

미행을 당한다고 느낀 안드레가 가던 길을 멈추고 방향을 바꾼다. 스포츠카도 멈춘다. 안드레는 자동차 앞 유리에 비친 가로등 불빛에 가려 보이지 않는 운전자를 향해 손을 흔든다. 아무런 반응이 없다. "부웅" 하는 엔진 소리가 낮게 들린다. 차 안에서 〈도망가, 토끼야, 도망가〉가 계속 흘러나온다.

안드레는 앞 유리를 들여다보지만 가로등에 반사되어 보이지 않는다. 아무것도.

운전자가 분명하지 않다. 안드레가 다시 걷기 시작하고 차가 뒤따라오는데...

안드레(숨을 몰아쉬며): 이거 진짜 좆같네...

한 걸음 걷고 나서.

안드레: 아냐.

안드레가 돌아서서 반대 방향으로 걷기 시작한다.

안드레(혼잣말로): 어이.

INT. 스포츠카 – 계속

운전자의 시점. 안드레가 걸어간다.

EXT. 교외 거리 – 계속

안드레는 이제 〈도망가, 토끼야, 도망가〉가 더 잘 들린다. 안드레는 스포츠카 쪽으로 방향을 튼다. 스포츠카는 안드레가 떠난 자리에 그대로 있다. 안드레는 걸으면서 차 안이 좀 더 잘 보이는 위치로 이동하려고 스포츠카를 계속 응시한다. 운전석 쪽 도어가 열려있다.

앤드류: 씨발, 뭐지?

안드레가 보도 가장자리의 연석 쪽으로 돌자, 검정색 중세 기사 투구를 쓴 운전자가 안드레를 향해 다가와 재빨리 뒤에서 주짓수 초크 기술을 건다. 안드레는 몸부림치지만 곧 기절한다. 휴대폰이 바닥에 떨어진다. 안드레는 차 트렁크로 끌려간다.[3]

운전자가 안드레를 패드가 깔린 트렁크에 털썩하고 내려놓는다. 그러고는 차에 올라타서 출발한다.

타이틀 자막

GET OUT[4]

EXT. 도시 - 새벽

도시 위로 해가 떠오른다. 가을. 아름답다.

INT. 도시 아파트 - 거실 - 아침

작지만 깨끗한 아파트를 서서히 보여준다. 눈에 띄는 도시풍 사진이 벽 곳곳에 걸려 있다. 샤워기에서 물이 나온다.

INT. 도시 아파트 - 욕실 - 아침

26세의 잘생긴 흑인 남성인 크리스 워싱턴이 욕실 캐비닛을 닫는다. 웃통을 벗은 크리스는 타고난 운동선수처럼 몸이 좋다. 그는 약간 자만심이 있는 표정으로 거울에 비친 자기 모습을 살핀다.

INT. 도시 아파트 – 욕실 – 아침

크리스가 면도 크림을 얼굴에 바르고 면도한다. 그러고는 어떤 자세를 좀 취하다가 목에 상처를 낸다. 크리스는 그래도 싸다는 듯 웃는다.

INT. 도시 아파트 – 거실 – 아침

옷을 입은 크리스가 전문가용 카메라로 창밖을 본다. 그는 자기 아파트 벽에 액자로 걸어놓은 사진처럼 인상적인 도시 이미지가 담긴 카메라 화면을 훑어본다. 크리스는 매우 실력 있는 사진작가다.[5]

작은 개 시드가 크리스를 지켜본다. 초인종이 울린다.

INT. 아파트 건물 – 엘리베이터

로즈가 엘리베이터를 탄다. 문이 열린다.

INT. 아파트 건물 – 복도 – 아침

로즈가 두 손에 뭔가를 가득 들고 복도를 걸어간다. 커피 두 잔과 빵 두 봉지를 들고 있다. 크리스가 문을 연다. 로즈가 문밖에 서 있다. 크리스가 웃는다.

로즈: 알아. 결정할 수가 없었어...

크리스는 커피를 받아들고 로즈를 안으로 끌어당긴다. 두 사람은 키스하며 문을 닫는다.[6]

INT. 도시 아파트 – 크리스의 침실 – 낮

크리스는 작은 짐 가방을 챙긴다. 로즈는 침대에 누워 있다.

로즈가 초콜릿 크루아상을 먹는다. 시드가 침대 위 로즈 옆에 누워 있다. 로즈는 시드를 쓰다듬는다. 완벽한 아침이다.

로즈: 칫솔... 데오도란트...

크리스: 챙겼고... 챙겼어...

로즈는 크리스의 말수가 줄어든 것을 눈치챈다.

크리스가 잠시 침묵을 지킨다.

로즈: 뭐? 어디 갔었어?

크리스: 아무 데도 안 갔는데.

로즈: 아니, 뭐?

크리스: 내가 흑인인 거 가족들이 아시지?

로즈: 아니, 아셔야 해?

크리스: 자기가 얘기해 두고 싶어 할 수도 있을 것 같아서...

로즈: 맞아. "엄마, 아빠, 흑인 남자친구랑 주말에 올라갈 거예요.
흑인이더라도 그냥 넘어가 주셨으면 좋겠어요" 같은 말 말이지?

놀림을 받던 크리스는 로즈의 발목을 잡아당겨 로즈 위에 올라탄다.

크리스: 흑인 남자친구는 내가 처음이라고 했지?

로즈: 응, 그래서?

크리스: 그냥 네 가족에게도 처음일 거란 말이지. 총을 든 부모님 때문에 잔디밭에서 쫓겨 다니고 싶지 않아.

로즈가 크리스를 안고 침대로 끌어당긴다.

로즈: 자기, 진심이야. 우리 아빠는 오바마가 3선에 출마하면 진짜 표를 줬을 거야. 맞아, 아빠는 자기한테도 그 얘기를 하고 싶어할 거야. 그런 얘길 들으면 당황스럽겠지만 표현 방법이 좀 구릴 뿐 이야.

크리스가 웃는다.

로즈: 정말 미치게 할 일이 많지만 인종차별주의자는 아니셔. 내
가 장담해.

크리스는 웃으며 고개를 끄덕하지만 완전히 납득하지는 못한다.[7]

삭제 장면 288쪽 참조

EXT. 시골길 – 전경샷 – 낮

숲으로 둘러싸인 아름다운 시골길을 달리는 로즈의 차를 위에서 전경
샷으로 보여준다.

INT. 로즈의 차 – 낮

삭제 장면 289쪽 참조

크리스가 담배를 슬그머니 꺼낸다. 로즈가 재빨리 담배를 낚아챈다. 크
리스가 손을 뻗는다. 크리스는 전에도 이런 게임을 해본 적이 있다.

크리스: 알았어.

로즈가 담배를 들고 섹시한 포즈를 취한다.

로즈: 이게 섹시해? 내가 섹시해 보이냐고?

크리스: 난 성인이라고. 담배가 땡기면 피울 수 있어야—

로즈가 차창을 열고 담배를 던지고는 닫는다.

크리스: 나 참, 1달러짜리야. 방금 1달러를 창밖으로 던진 거나 같다고.

로즈가 지갑에서 구겨진 1달러를 꺼낸다.[8]

크리스: 잠깐만, 로드한테 전화해야 해.

크리스가 휴대폰을 꺼낸다.

EXT. 공항 – 출발 터미널 – 낮

26세의 건장한 교통안전국 요원 로드 윌리엄스가 담배를 피우다가 승객들이 도착하자 담배를 숨긴다. 로드의 휴대폰이 울린다.

로드: 왜?

Intercut: INT. 로즈의 차 – 낮

조수석에 앉은 크리스가 휴대폰으로 통화한다.

크리스: 야, 너 지금 근무 중이야?

로드: 응. 크리스, 내 얘기 좀 들어봐. 어떤 할머니 몸수색을 했다가 문제가 생길 것 같아. 규정대로 했는데 말이야! 여기 게리는 할망구라서 비행기 납치가 어림없다고 생각해.

크리스가 웃는다.

로드: 다음 9/11 테러는 노인네가 벌일 거라고.[9]

크리스: 이번 주말에 시드 봐줘서 고마워. 꼭 기억해. 사람 먹는 거 주면 안 돼. 과민성 대장 증후군을 앓고 있으니까.

로드: 씨발, 내가 정말 그걸 까먹을 것 같아? 빌어먹을 놈. 나 상처 받았어. 친구 좀 믿어주라. 너나 그런 거 잊지 난 안 까먹어.

크리스: 그래, 그래. 알았어.

로드: 사과 받아들이지. 로즈 양은 잘 있남?

크리스: 잘 있어. 운전 중이야.

로즈가 손을 내민다. 크리스는 마지못해 스피커폰을 켠다.

로즈: 안녕, 로드.

로드: 안녕. 야 너 내 친구 무사히 데려오는 게 좋을 거야.

로즈: 뭔 말인지 모르겠지만 그럴게. 약속해.

로드: 너 남자 잘못 고른 건 알지?

로즈: 우리 아직 늦지 않았지, 그치?[10]

크리스가 스피커폰을 끊는다.

크리스: 좋아, 너도 연애해.

로드: 젠장, 너 이런 모습은 처음 봐.

크리스: 예를 들면?

로드: 가족을 만난다고? 뭐, 로즈가 네 거시기라도 핥아줬냐?

크리스: 안녕, 로드. 돌아오면 현금 적선 좀 해줄게.

로드: 돈은 필요 없고, 그냥 네 여자친구가 나한테 거시기 핥아주는 여자친구 소개해 주면 되잖아.

크리스: 안녕히 계세요.

로드: 그딴 식으로 나오면 안 돌아오는 게 좋을 거야.

크리스가 전화를 끊는다. 그러고는 로즈를 바라본다.

로즈: 뭐...? 진정해. 난 자기 거잖아.

로즈가 크리스를 찌른다. 크리스는 확실히 간지럼을 많이 탄다.

크리스: 자기!

두 사람은 잠깐 떨어져 있다가 간지럼 싸움을 시작한다.

로즈: 그만해! 나 지금 운전 중이거든. 운전 중이야.

크리스가 하던 걸 멈춘다. 잠시 뒤...

어떤 그림자가 차의 보닛 위를 쏜살같이 가로지른다. 그림자의 뒷다리가 "쾅" 하고 큰 소리를 내며 보닛을 내리친다.[11]

EXT. 시골 – 계속

차에 부딪힌 사슴이 빨려들 듯 숲속으로 들어간다. 차가 날카로운 굉음을 내며 멈춘다. 조수석 사이드미러가 차에 매달려 흔들린다. 충격을 받은 크리스와 로즈가 잠시 가쁜 숨을 몰아쉰다.

로즈: 젠장!

크리스: 괜찮아?

로즈: 응. 자긴?

크리스: 응. 놀라 죽는 줄 알았네.

로즈와 크리스가 차에서 내려 파손 부위를 살펴본다. 오른쪽 헤드라이

트가 깨졌고, 긁힌 자국이 보닛을 가로질러 망가진 채 매달린 오른쪽 백
미러까지 이어져 있다.

로즈: 젠장!!!

크리스가 충돌 방향을 돌아본다.

크리스: 차에 있어봐.

로즈: 뭐 해?

크리스: 몰라... 괜찮은지 확인해볼까?

크리스가 몇 걸음 더 걷다가 멈춘다. 그러고는 다시 생각해본다.

크리스: 어쩌면 사라졌을지도...

귀에 거슬리는, 거의 인간이 고통스러울 때 내는 신음에 가까운 소리가 뒤에 있는 나무에서 들린다. 두 사람은 공포에 질려 숲을 바라본다.

크리스는 귀에 맴도는 울음소리를 향해 다시 걸어간다. 소리가 멈춘다.

로즈: 크리스...?

크리스는 로즈에게 그대로 있으라고 손짓한다. 그러고는 차 뒤로 10미터보다 조금 더 떨어진 덤불을 향해 계속 걸어간다. 덤불 속에서 무언가가 숨을 쉬고 있다.

로즈: 조심해!

크리스는 용기를 내어 도로를 벗어나 어두운 덤불 속으로 들어선다. 그러고는 덤불 사이를 들여다본다. 사슴이 숨을 헐떡이며 까맣고 눈물 젖은 눈으로 크리스를 바라본다. 크리스는 얼어붙는다.

EXT. 시골길 – 낮

이제 경찰차 한 대가 로즈의 차 뒤에 멈춘다. 33세의 백인 경찰 프로스티가 뒷편 도로의 사슴 근처에 서 있다. 40세의 또 다른 백인 경찰 라이언이 열린 운전석 문 옆에 서 있는 로즈와 이야기를 나눈다. 크리스는 보닛에 가볍게 앉아 앞을 바라보며 생각에 잠겨 있다.

INT. 로즈의 자동차 – 계속

로즈가 엉클어진 가방을 뒤적거린다.

라이언 : 앞으로는 동물보호소에 연락하세요.

로즈: 네, 고마워요. 여기요!

로즈가 마침내 지갑에서 운전면허증을 꺼낸다. 경찰관은 로즈의 면허증을 확인하고는 크리스 쪽을 본다.

라이언 : 두 분은 도심에서 오신 건가요?

로즈: 네. 부모님이 폰타코 호수 지역에 사세요. 주말이라 왔어요.

라이언 : 저...? 면허증 좀 볼 수 있을까요?

크리스: 아... 네. 주민등록증이 있어요.[12]

로즈: 잠깐만, 왜요?

라이언: 무슨 문제라도?

로즈: 운전은 제가 했잖아요?

라이언: 운전했냐고 여쭤본 게 아니라 신분증 보여 달라고 했어요.

로즈(라이언에게): 근데 왜요? 말이 안 되잖아요.

크리스: 여기요.

크리스가 라이언 경관에게 신분증을 보여준다.

로즈: 아냐, 됐어. 잘못한 게 없으니 보여줄 필요 없어.

크리스: 자기. 난 괜찮아.

라이언: 무슨 일이 벌어지면 저희는 언제든지 신분증을 확―

로즈: 그건 말도 안 돼요!

라이언: 저기요...

긴장된 침묵이 흐른다. 라이언 경관이 포기한다. 굳이 문제를 일으킬 필요가 없어서다. 경찰 무전기에 신호음이 들린다.

프로스티: 거기 아무 문제 없지, 라이언?

라이언 경관이 무전기 버튼을 누른다.

라이언: 응, 괜찮아. (크리스, 로즈에게) 안전 운전하세요.

로즈와 크리스가 차에 올라탄다.

라이언: 전조등 고치세요... 그리고 백미러도요.[13]

EXT. 시골길 – 낮

전경샷. 차가 울창한 숲이 우거진 도로를 지나간다.

INT. 로즈의 차 – 오후

크리스는 조수석에 앉아 깊은 생각에 잠긴다. 그는 새로운 자부심을 느끼며 로즈를 바라본다. 로즈가 눈치챈다.

로즈: 뭐?

크리스: 아까 죽여주던데.

로즈: 내 남자 아무도 못 건드리게 할 거야.

크리스: 그래 보이더군.

로즈: 다 왔어.

2막

EXT. 아미티지 하우스 - 오후

숲을 지나 거대한 공터가 나온다. 공터 중앙에 중간 크기의 아름다운 집이 있고 울창한 숲이 부지를 에워싸고 있다. 매력적인 집이고 외딴곳이어서 주변에 다른 집은 보이지 않는다.

차가 넓은 잔디밭을 통과하면서 울타리를 정돈하는 35세의 아프리카계 미국인 월터를 지나친다. 월터는 키가 크고 원예용 모자를 쓰고 있으며 천천히 그리고 능숙하게 일한다. 차가 이동하면서 장미가 물결친다.

로즈: 안녕하세요, 월터!

월터가 손을 흔든다.

로즈 (크리스에게): 정원사셔.

크리스: 아, 알겠어.

EXT. 아미티지 하우스 – 잠시 후

주차를 마친 로즈와 크리스는 짐을 들고 현관문으로 다가간다. 로즈는 가방을 뒤적거린다.

로즈: 열쇠가 어디갔지...? 방금 들고 있었는데.

크리스가 초인종을 누른다.

로즈: 준비해.

발걸음. 문이 열리면서 드러나는...

딘 아미티지, 59세, 키가 크고 상체가 발달한 백인 앵글로색슨 개신교도. 딘은 가방끈이 길지만 다른 사람과 어울릴 때 눈치가 없고 특히 센스 있는 아빠들이 하는 유머를 잘 구사하지 못한다. "쓰레기"를 발음할 때도 특이하게 "쓰–레기"이라고 하는 사람이기도 하다.

56세의 미시 아미티지는 차분하고 따뜻하며 아름다운 여성이다. 근면성과 지성이 배어 나온다. 미시는 사람을 책처럼 읽을 수도 있다. 완벽할 정도로 세심한 호스트다.

로즈가 부모님과 포옹한다.

로즈: 안녕하세요!

크리스는 어색하게 서 있다.

로즈: 크리스, 우리 엄마와 아빠야. 엄마, 아빠, 크리스예요.

크리스: 안녕하세요.

딘이 손을 내밀고 있다.

딘: 아미티지 씨라고 부르렴.

크리스: 그러죠. 아—

딘: 드디어 만나네. 이리 와.

딘이 크리스의 손을 잡고 끌어당겨 크게 포옹한다.

딘: 우린 주로 포옹하며 인사해. 자네my Man. 그냥 딘이라고 불러.

로즈가 눈을 치켜뜨지만 애정이 담겨 있다. 로즈는 벌써 당황스럽다.

미시: 안녕, 난 미시야. 집에 온 걸 환영해.

미시가 크리스와 따뜻하게 악수한다.

미시: 어서 들어와.[14]

딘: 그래, 들어와! 편하게 있어도 돼.

네 사람은 집으로 들어간다. 멀리서 지켜보던 월터가 천천히 몸을 돌려
다시 일하러 간다.[15]

INT. 아미티지 하우스 – 현관 – 계속

집 인테리어는 아늑하지만 평범하지는 않아서 세련되고 흥미롭다.

딘(로즈와 크리스에게): 올 때 어땠어?

로즈: 사슴을 쳤어요.

딘: 오, 이런! 죽었어?

크리스: 네.

미시: 끔찍하네. 너희는 괜찮아?

로즈: 네, 심장이 쫄깃했어요.

미시: "쫄깃?" 재밌는 표현이네.

크리스: 느닷없이 튀어나왔어요. 그래도 다행히 잘 넘어 갔어요...

딘: 내가 항상 말하잖아. 한 마리가 죽었어... 그래도 몇십만 마리가 남았어. 뭐?! 쥐처럼 사방에 널렸지. 생태계에 아주 해로워.

미시: 많이 놀랐겠구나. 둘 다 많이 지쳤겠어.

크리스: 네, 조금요.

딘: 둘이 사귄 지는 얼마나 됐어?

크리스: 4개월요.

로즈: 5개월요.

크리스: 맞아요, 로즈 말이 맞아요.

딘: 크리스가 뭘 아네. 남자가 져주는 데 익숙해져야지.

딘이 일어선다.

딘: 아무튼 집 전체를 죽 구경시켜줄게.

로즈: 천천히 해요. 이제 막 도착했는데.

미시: 짐부터 내리게 해요.

딘: 그래, 그래. 알았어. 자, 서두르자.[16]

삭제 장면 290쪽 참조

INT. 아미티지 하우스 1층 현관 – 낮

딘과 크리스가 벽에 걸린 사진을 보며 걷는다. 거실에는 로즈가 있다. 딘이 집무실 문을 연다. 딘이 불을 켜는 동안 두 사람은 문밖에 서 있다. 책상 앞에 안락해 보이는 의자 두 개가 마주 보고 있다. 집무실 벽을 책이 가득 채우고 있다. 딘과 크리스는 방에 들어가지는 않는다.

딘: 미시가 쓰는 집무실이야. 여기에서 상담 약속을 잡지.

크리스: 멋지네요. 심리치료사시죠, 그죠?

딘: 응, 정신과 의사야. 여기 사람들도 도시에 사는 사람들과 마찬가지로 머리가 복잡한 거 같더라고.

크리스는 1990년대 아미티지 하우스 앞에서 찍은 사진 한 장에 주목한다. 딘과 미시는 젊고, 로즈와 로즈의 남동생 제레미는 아직 어려 보인다. 가운데에 로즈의 조부모인 로먼과 조시 아미티지 부부가 서 있다.

딘: 걔 아들 제레미야.

크리스: 얘기 들은 적 있어요.

딘: 제레미는 안 좋은 일을 좀 겪었지만 잘 극복했어. 나처럼 의대에 다녀. 나중에 만나게 될 거야.

크리스: 오, 멋지네요.

두 사람은 거실에서 휴대폰을 보는 로즈를 지나친다. 로즈는 "지루할 거라고 했지?"라는 표정을 짓는다.

딘(웃으며): 우리 가족은 자주 돌아다니기 때문에 항상 어디선가 새로운 작은 보물을 가져오는 것 같아.

두 사람은 복도를 따라 이동하는데 거기에는 25세 남성이 달리기 경주 출발 위치에서 포즈를 취하고 있는 흑백 사진 액자가 걸려 있다.

딘: 오, 이거 마음에 들 거야. 우리 아버지의 자랑거리니까. 1936년 베를린 올림픽 대표 선발전에서 제시 오언스에게 졌지. 그게 바로—

크리스: —오언스가 결국 히틀러가 보는 앞에서 이겼죠.

딘: 역사상 완벽한 순간이었지. 히틀러가 완벽한 아리안 인종을 내세우며 거만하게 군림하고 있는데, 흑인인 제시 오언스가 전

세계가 지켜보는 가운데 히틀러가 틀렸다는 사실을 증명하기 위해 등장했으니. 잠깐만.

크리스: 그래도 아버님은 힘드셨겠네요.

딘: 거의 극복하셨어.

딘이 윙크한다.

INT. 아미티지 하우스 – 복도 – 낮

딘과 크리스가 집 구경을 계속 이어간다. 주방은 아늑하고 깨끗하다. 인테리어에 확실히 할머니 스타일의 분위기가 물씬 풍긴다. 30세의 아프리카계 미국인 조지나가 주방 한가운데 서서 중앙 조리대를 청소하며 기다렸다는 듯 미소를 짓는다.

딘: 어머니가 주방을 좋아하셨어. 그래서 생전에 쓰신 물건 일부를 놔뒀어.

크리스(조지나에게): 안녕하세요.

딘: 오, 조지나, 이쪽은 크리스라고 로즈의 남자친구예요.

조지나: 안녕하세요.

딘: "쓰-레기"는 싱크대 밑에 버리고. 이제 이 집의 하이라이트...

딘이 유리로 된 뒷문을 연다.

EXT. 뒷마당 – 늦은 오후

마당은 넓고 그 너머의 숲은 불길한 예감이 든다. 나무 사이로 바람이 불어온다. 딘은 크리스를 이끌고 마당을 지나 정자로 향한다.

딘: 냄새가 어때...? 이 공간! 내가 정말 좋아하는 곳이야. 여기서 가장 가까운 집은 호수 반대편까지 가야 있어. 사생활이 확실히 보장되는 공간이지.

크리스는 멀리서 잔디깎기를 준비하는 월터에게 정신이 팔려 있다.

딘: 자네가 무슨 생각하는지 알아.

크리스가 딘을 바라본다.

딘: 백인 가족에 흑인 고용인. 완전히 진부한 상황일 테지.

크리스: 그렇게까진 생각 안 했어요.

딘: 그럴 필요는 없지. 믿어줘, 나도 알아. 몇 년 전 부모님을 돌보기 위해 흑인을 고용했는데 지금은 가족처럼 지내. 그냥 내보낼 수가 없었어. 그래도 남들이 보긴 좀 그렇겠지...

크리스: 네, 무슨 말씀인지 알겠어요.

딘: 그건 그렇고, 나는 오바마가 3선에 나오면 표를 줬을 거야. 내 생애 최고의 대통령이야. 확실히.

크리스가 웃는다.

크리스: 저도 그렇게 생각해요.

EXT. 야외 테라스 – 낮

딘, 미시, 크리스, 로즈가 아이스티를 들고 앉아 있다. 미시가 아이스티에 설탕을 넣고 저어준다. 멀리서 월터가 잔디를 깎는다. 딘은 크리스의 카메라로 사진을 본다.

삭제 장면 292쪽 참조

딘(크리스에게): 부모님은 무슨 일 하시나?

크리스: 아버지랑은 별 다른 기억이 없어요. 엄마는 제가 열한 살 때 돌아가셨고요... 뺑소니 사고로요.

미시: 어떻게 돌아가셨어?

크리스: 뺑소니요.

딘: 아직 젊으셨을 텐데.

크리스: 사실 사고 당시 기억이 잘 나지 않아요.

미시: 괜찮아. 그 얘기는 안 해도 돼.

미시가 숟가락으로 잔을 젓는다. 숟가락이 잔 측면에 부딪쳐 작은 소리를 낸다.

"팅팅. 팅팅."

크리스와 미시는 서로를 위로하는 표정을 짓고 있다. 두 사람 사이에는 무언의 공감대가 있다.

크리스가 불안한 듯 테이블을 긁는다. 미시가 알아차린다.

딘: 크리스는 담배 피나?

크리스: 끊으려고요.

로즈: 이래서 집에 남자를 안 데리고 오는 거예요.[17]

미시: 괜찮아, 뭐라고 하는 게 아니니까.

딘: 그래도 나쁜 습관이지. 미시에게 치료를 한번 맡겨보는 게 좋을 거야.

크리스: 어떻게요?

딘: 최면. 미시는 자신만의 비법을 만들었어. 효과가 기가 막혀.

크리스: 우와. 음...

로즈: 믿거나 말거나 낯선 사람이 자기 머릿속에 들어오는 것을 싫어하는 사람도 있어요.

딘: 다들 말이 안 된다고 생각했었지. 나도 담배를 15년 피웠어. 미시가 딱 한 번 최면을 걸었더니 이젠 보기만 해도 구토가 나와.

미시: 그만 해요. 여보.

크리스: 전 괜찮아요. 그래도 고마워요.

미시: 물론이지. 마음 바뀌면 내일이나 모레 시간 낼 수 있어…

조지나가 아이스티 피처를 가져와 모든 사람의 잔을 다시 채워준다. 조지나는 미소를 짓지만 사람들과 눈이 마주치는 것을 피한다.

딘: 담배를 피우든 말든 이번에 특별한 모임에 와줘서 기쁘네.

로즈: 이런, 이번 주말인가요?

크리스: 특별한 모임이라뇨?

미시: 로즈의 할아버지를 위한 파티지.

딘: 우리 아버지는 1년에 한 번씩 친구들을 위해 파티를 여셨어. 보체볼(컬링과 비슷한 운동으로 주로 잔디밭에서 한다-옮긴이), 말발굽 던지기 게임, 배드민턴 같은 걸 하지.

로즈: 돈 많은 노인들이 잔디밭에서 게임을 하는 거야. 나한테 왜 말 안 했어요?

미시: 매년 같은 날인데, 애야. (크리스에게) 돌아가신 뒤에도 파티를 계속 열었어. 두 분이 우리와 함께 계신 것처럼 느껴지니까.

조지나의 표정이 굳어진다. 머리를 살짝 숙이고 미묘한 공포가 얼굴을 스친다. 아무도 눈치채지 못한다.

로즈: 전 그냥 크리스랑 여유 있게 주말을 보내려 했는데.

크리스: 재미있을 것 같아.

조지나가 크리스의 음료를 너무 오래 따라 주다가 잔이 넘친다.[18]

미시(걱정스러운 표정으로): 조지나.

조지나가 멍한 상태에서 깨어나 테이블을 닦기 시작한다.

조지나: 미안해요. 제가 무슨 실수를 했는지 보세요. 바보같이.

미시: 괜찮아요, 조지나. 그냥 둬요.

조지나: 오, 그냥 두고 갈 순 없죠.

미시: 괜찮다니까요. 가서 쉬어요.

조지나: 그래야 할 것 같아요.

조지나는 고개를 끄덕이고 미소를 지으며 자리를 뜬다. 크리스와 로즈는 딘을 바라본다. 이상한 상황이다. 딘은 어깨를 으쓱한다.

제레미(O.S.): 여러분, 저 왔어요!

미시: 제레미가 왔네.

29살의 제레미는 두 팔을 벌리며 집 안을 활보한다. 그는 금수저의 아우라를 강하게 뿜어내는데, 예측할 수 없는 야생성을 지녔으면서도 잘생겼다.

제레미: 초인종을 눌러도 아무도 나와보질 않네?!

INT. 아미티지 하우스 식탁 – 늦은 밤

로즈만 빼고 모두 웃는다. 로즈는 부끄러운 듯 얼굴을 감싼다. 딘이 남은 와인 한 병으로 크리스의 잔에 와인을 따라준다. 식사가 끝나고 다들 술에 약간 취해 있다.

로즈: 알았어, 그만해.

제레미: "그만"하라고? 이제 시작인데. 어디 보자. 뭐가 또 있을까? 뭐가? 누나가 발톱 수집했다고 말했어?[19]

로즈: 세상에!!!

크리스: 뭐?

제레미: 이빨로 발톱을 물고 빨아 보석함에 보관하곤 했지.

로즈: 아냐, 그런 적 없어.

제레미: 아냐, 맞아, 뻥 치기는.

로즈가 새 와인의 코르크를 따는 제레미에게 냅킨을 던진다. 딘과 미시는 웃음이 터지려는 걸 참는다.

크리스: 정말 역겨운걸.

로즈(제레미에게): 너 정말 싫다.

제레미(로즈에게): 나도 누나 사랑해. (크리스에게) 아, 알았어. 미담 하나 말해주지. 어떤 상황이었냐 하면. 대학 3학년 때 누나가 코너 가필드라는 남자에게 빠졌어.

로즈: 아냐, 엄마.

미시: 제레미...

크리스: 아냐, 아냐... 이런 얘기 좋아. 듣고 싶어.

딘: 로즈야, 예의를 지켜야지. 손님이 원하는 걸 해줘.

딘은 로즈에게 정겹게 윙크한다.

제레미: 그래서, 코너는 내가 속한 라크로스팀 소속이었어(라크로스는 그물채처럼 생긴 라켓으로 하는 스포츠다-옮긴이). 키 192센티미터 정도 되는 큰 덩치에 꽤 멍청한 녀석이었지, 그치? 우리가 파티를 열었는데—

로즈: 네가 열었지.

제레미: 부모님은 그리스 같은 곳에 계셨던 것 같아. 부모님이 술을 보관하던 캐비닛을 털었는데 다들 맛이 갔지. 열다섯 명 정도 있었는데.

미시: 뭐! 설마. 니가 진짜 그랬어?

제레미: 술병에 물을 넣어둬서 눈치 못 채시게 했어요. 이야기 좀 끝낼게요. 그래서 나는 우리 반에서 제일 섹시한 진 딜리와 부모

님 화장실에서 놀고 있었어.

미시: 이런.

로즈: 너 지금 누워서 침 뱉는 거 알고 있어?

제레미: 고마워. 갑자기 코너가 화장실 문을 두드리기 시작했어, 그치? 내가 문을 열었더니 입에서 피가 내뿜으며 이렇게 소리를 쳤지. "네 누나가, 씨발, 혀를 물어뜯었어!!!!"

크리스: 뭐, 뭐라고?

제레미: 맞아, 여기 혀 살이 1센티미터 없어졌더라고.

제레미가 행동으로 상황을 묘사하자 크리스가 얼굴을 찡그린다.

크리스(로즈에게): 으아아아! 네가 물어뜯었어?

로즈: 그놈이 나를 구석에 몰아넣고 입에 혀를 쑤셔 넣었단 말이

야, 그래서 뭐.[20]

크리스: 장난 아니네.

딘: 그 얘기는 처음 듣는데.

제레미: 내가 코너한테 피를 닦으라고 했어.

제레미가 크리스를 뚫어지게 쳐다본다.[21]

미시: 음, 나는 디저트가 준비됐는지 보고 올게. (딘에게) 대화 주제를 좀 더 가벼운 걸로 바꾸면 어떨까요?

미시가 주방 쪽으로 걸어 나간다. 문이 열리자 크리스는 멍한 표정으로 천장을 바라보는 조지나의 모습을 엿볼 수 있다. 문이 다시 닫힌다.

딘: 크리스, 운동 뭐 좋아해? 축구? 야구?

크리스: 아, 농구 좋아하는 것 같은데. 모르겠어요. 스포츠는 별로 안 좋아해요.

제레미: 종합격투기도 안 좋아해?

로즈: 야.

제레미: 뭐?

딘: 누나 말 들어. 딴 사람도 좀 얘기하게 해줘.

제레미: 누나 남자친구가 왔잖아요! 아빠 얘기 나눌 기회가 있었는데 저도 누나 남자친구랑 좀 친해지면 안 돼요?

딘이 한숨을 내쉰다.

크리스: UFC 같은 거? 응, 별로. 너무 잔인한 거 안 좋아해.

제레미: 어릴 때 길거리에서 싸움 좀 안 했어?

크리스: 아니. 1학년 때 방과 후 유도는 배웠어.

로즈: 어휴.

제레미: 형 골격과 '유전적 체질' 때문에? 몸을 좀 만들면, 그러니까 훈련다운 훈련을 했다면, 완전히 짐승이 됐을 텐데.[22]

주방 문이 다시 열리고 미시가 디저트로 딱 좋은 당근 케이크를 들고 다시 들어온다. 조지나는 안 보인다.

미시: 나 없을 때 무슨 재밌는 이야기 나눴어?

로즈: 별거 없어요.

제레미: 운동 얘기를 했어요. (크리스에게) 주짓수의 장점은 힘은 중요하지 않다는 거야. 중요한 것은 이것뿐이지.

제레미는 자기 머리를 가리키며 크리스를 빤히 쳐다본다.

제레미: 체스처럼 전략적인 게임이야. 두 수, 세 수, 심지어 네 수 앞서는 것이 중요해.

크리스: 멋진걸.

제레미: 일어나 봐. 보여줄 게 있어.

미시: 저녁 식사 자리에서 가라테는 안 돼.

제레미: 가라테가 아니에요.

제레미가 약간 비틀거리며 크리스를 향해 걸어가서 헤드록을 걸려고 한다. 크리스가 일어선다.

크리스: 내 나름의 규칙이 있어. 술에 취한 사람이랑은 장난 안 쳐.

제레미: 난 그냥...

딘: ―됐다, 제레미.

딘은 처음으로 큰 소리로 엄하게 말한다. 술에 취해 당황한 제레미의 동공이 흔들린다.

제레미: 해코지하려던 건 아니었어요.

제레미는 와인 한 병을 들고 위층으로 올라간다.

딘: 한 병 더 마실까?

EXT. 아미티지 하우스 – 밤

보름달. 귀뚜라미.

INT. 로즈의 방 – 밤

크리스는 로즈의 침대에 누워 로즈의 컴퓨터를 본다. 로즈는 화장실에서 양치질하면서 잘 알아들을 수 없게 말한다.

로즈: 제레미가 헤드록을 걸려고 했다고? 이런 젠장! 다른 남자친구한테는 그런 식으로 말한 적도 없는데.

크리스: 음.

크리스가 웃는다.

로즈: 아빠도! 오늘 자기한테 여덟 번 "자네my man"라고 불렀어. 여덟 번을.

크리스: 그래.

로즈: 엄마도 조지나한테는 선을 넘을 것처럼 무례했어, 그치? 자기, 도대체 뭐야?

크리스는 뭔가 말을 하려다가 참는다.

로즈: 어때?

크리스: 내가 말했잖아.

로즈가 입술을 뿌루퉁하게 내민다.

크리스: 그런 말을 하려던 건 아냐.

로즈: 크리스.

크리스: 이리 와.

로즈가 크리스에게 다가간다.

로즈: 자긴 어떻게 그렇게 침착할 수 있지?

크리스: 솔직히 말하면 이건 별거 아냐. 적어도 다들 노력은 하시 잖아.

로즈: 맞아. 다들 자기를 좋아해.

크리스: 그런 거 같아. 결론적으로 이 정도면 괜찮지 뭐.

크리스는 로즈를 자기 위로 끌어당긴다.

크리스: 그래도 자기가 한 인종차별 성토 랩은 맘에 들어.

두 사람은 키스한다.

로즈: 내일이 걱정이야. 파티라고? 더 나빠지면 어쩌지?

크리스: 괜찮아. 그래봐야 얼마나 나쁠 수 있겠어?

크리스가 로즈를 끌어당기자 로즈가 키스한다.

크리스: 자기한테 박하 향이 나네.

두 사람은 다시 키스한다.

크리스: 자기 알지, 나의 "유전적 체질"로...

두 사람이 부둥켜안고 로즈가 셔츠를 벗는다.[23]

EXT. 아미티지 하우스 – 밤

집 안의 모든 불이 꺼져 있다. 귀뚜라미가 운다.

INT. 로즈의 방 – 잠시 후

로즈는 자고 크리스는 깨어 있다. 크리스의 귀에 윙윙거리는 소리가 들린다. 크리스는 손으로 머리를 몇 번 치고는 일어나 앉는다. 로즈의 서랍장 위에 있는 사자 인형이 크리스를 지켜보는 것처럼 보인다. 크리스는 고개를 돌린다. 부드러운 바람 소리가 방을 관통한다. 옷장 문이 끼익 소리를 내며 열린다.

크리스의 시선은 책상 의자에 놓인 카메라 가방 주머니에서 삐져나온 담배 한 갑으로 이동한다.

INT. 아미티지 하우스 – 밤

크리스는 로즈의 방을 나와 어두운 복도를 걸어간다. 발밑에서 마룻바닥이 삐걱거린다. 크리스는 계단을 내려간다.

INT. 아미티지 하우스 1층 복도 – 계속

크리스는 계단 맨 아래에 다다른다. 크리스는 벽에 걸린 사진을 지나 복도를 따라 주방으로 계속 걸어간다.

INT. 아미티지 하우스 주방 – 계속

크리스는 주방을 지나 뒷문으로 계속 걸어간다.

EXT. 뒤뜰 – 계속

크리스는 뒷문으로 나가 담배를 꺼낸다. 그러고는 자신을 에워싼 광활한 밤 풍경을 살펴본다. 귀뚜라미 소리가 귀청이 터질 듯 들린다.[24]

갑자기 멀리서 누군가 달리는 소리가 들린다. 크리스는 어둠 속을 본다. 공포의 순간이 크리스를 덮친다. 크리스는 어떤 형체를 알아본다. 그것

은 크리스를 향해 달려온다. 크리스가 움찔하며 물러선다. 형체가 점점 가까워진다. 3미터까지 왔을 때 달빛에 모습을 드러내고 코앞까지 다가온 정원사 월터가 멈추지 않고 달린다. 크리스는 숨을 가다듬는다.

크리스가 부엌 창문 쪽으로 고개를 돌리자 방 안에서 불이 켜진다. 크리스는 창문 너머로 무서운 표정으로 이를 드러낸 채 창밖을 응시하는 조지나와 마주친다. 크리스가 담배꽁초를 떨어뜨린다. 들켰다.

INT. 아미티지 하우스 세탁실 - 밤

조지나는 뭔가 못마땅한 표정을 짓는다. 사실 조지나는 크리스를 쳐다보지는 않는다. 창문에 비친 자신과, 불빛에 반사되어 방을 비추는 창문에서 치아를 살펴본 것이다. 바깥은 보이지 않는다.

EXT. 뒷마당 – 밤

크리스는 자신이 들키지 않았다는 것을 깨닫는다. 아슬아슬했다. 조지나가 빨래를 하기 시작한다. 크리스는 슬그머니 집 안으로 들어간다.

INT. 아미티지 하우스 복도 – 밤

크리스가 식탁이 있는 어두운 방을 통해 살금살금 들어온다. 그러고는 미시의 집무실을 지나 복도를 따라 내려간다. 집무실 책상 조명이 켜진다. 방 안에 앉아 있던 미시가 차를 마시고 있다.

미시: 흡연이 얼마나 위험한지 아니, 크리스?

크리스는 깜짝 놀란다. 이번에는 진짜로 들켰으니.

100

크리스: 네. 네, 알죠.

삭제 장면 293쪽 참조

미시: 들어와.[25]

크리스가 방에 들어간다.

INT. 미시의 집무실 – 밤[26]

미시: 불편하진 않지?

크리스: 아주 편안해요, 고마워요.

미시: 이불도 충분하고?

크리스: 네.

크리스가 의자를 긁는다. 미시도 그걸 알아챈다.

미시: 어떻게 최면을 거는지 알고 싶지 않니?

미시가 컵에 각설탕 두 개를 넣는다. 그러고는 컵 측면에 스푼을 부드럽고 리드미컬하게 부딪치며 천천히 저어주기 시작한다.

"팅팅. 팅팅."[27]

크리스: 사람들 눈앞에서 회중시계를 흔드시나요?

미시: TV를 너무 많이 봤군. 이제, 매우 졸린 기분이 들거야...

"팅팅. 팅팅."

두 사람은 같이 웃는다.

미시: 가끔 집중할 뭔가를 사용하긴 하지만 어떤 사물이나 간단한 동작으로 누군가를 감응성 고조 상태로 이끌 수 있지.

크리스: 감응성 고조요?

미시: 맞아. 왜? 한번 해볼래?

크리스: 아뇨. 저랑은 절대 안 맞아요.

미시: 그래. 로즈 앞에서도 담배 피니?

크리스: 네.

"팅팅. 팅팅."

미시: 그래, 내 자식이잖아...

크리스: 네, 끊을 거예요.

미시: 어머니랑은 사이가 어땠니?

크리스: 음, 아뇨. 잠깐만요, 지금 설마?

미시: 말해봐, 괜찮아. 어머니랑 사이가 어땠니?

크리스: 네... 어머니는 늘 일을 했어요. 재밌는 분이셨어요. 저를 사랑하셨고.

미시: 어머니가 돌아가실 때 넌 어디에 있었니?

"팅팅. 팅팅."

크리스: 그건 떠올리고 싶지 않아요.

미시: 마음 가는 데로 가는 거야.

크리스: 집에 있었어요, TV를 보면서.

미시: 그리고 뭐가 들려?

크리스: 비.

미시: 비가 좀 왔구나.

크리스: 네.

미시: 들어봐. 빗소리가 들려. 어떻게 들리니? 들어봐, 들어봐... 생각해 내 봐... 생각나면 말해줘.

창문에 비가 부딪히는 소리와 함께 텔레비전 속 시트콤의 웅웅거리는 소리가 서서히 사라진다.

크리스: 알았어요... 네, 생각났어요.

"팅팅. 팅팅."

미시: 몇 살이었지?

크리스: 열한 살요.

미시: 좋아. 넌 지금 열한 살이야. 이제 만져봐. 주변을 느껴봐. 몸 전체와 네가 만진 것을 느껴봐. 느껴봐. 생각해 내 봐. 생각났으면 말해줘...

플래시백 - INT. 작은 아파트 - 밤

Close on: 열한 살 크리스가 손으로 침대 기둥을 신경질적으로 긁는다.

미시 (V.O.): 생각해 내면 말해줘.

크리스 (V.O.): 생각났어요.

침대 옆에서 크리스가 다리를 흔들다가 발가락으로 카펫을 쓸어내린다.

"팅팅. 팅팅."

현재 - INT. 미시의 집무실 - 밤

크리스는 다리를 흔들려고 하지만 다리가 바닥에 닿는다. 그는 집무실 의자의 팔을 긁는다.

미시: 혼자니?

크리스: 네.

미시: 엄마는?

크리스: 늦으시네요.

미시: 어디 계시는데?

크리스: 뭔가 잘못됐어요. 아직 집에 안 계세요.

미시: 넌 뭐하고 있고?

크리스: 아무것도 안 했어요.

미시: 아무것도 안 했다고?

크리스: 그냥 가만히 앉아 있었어요.

미시: 어디 전화를 걸어 보지도 않고?

크리스: 네.

미시: 이모한테도?

크리스: 네.

미시: 왜 그랬지?

크리스: 모르겠어요. 그렇게 하면 생각한 게 현실이 될 것 같았어요.

"팅팅. 팅팅."

미시: 좋아. 보이니? 전화기가 보이니?

크리스는 아무 말이 없다.

미시: 봐야 해. 보라고. 보란 말이야. 생각해 내 봐.

크리스는 계속해서 안락의자를 긁는다.

"팅팅. 팅팅."

플래시백 – INT. 작은 아파트 – 밤

열한 살 크리스가 나무로 만든 침대를 긁자 나무 조각이 떨어져 나간다. 크리스는 침대에서 어떤 액션 피겨 옆에서 TV를 본다. 크리스가 전화기를 쳐다본다.

미시(V.O.): 보이면 말해줘―

열한 살 크리스가 고개를 끄덕인다.

"팅팅. 팅팅."

현재 – INT. 미시의 집무실. 밤

크리스가 고개를 끄덕이며 울먹인다.

크리스: 보여요.

미시: 무섭구나.

크리스가 고개를 끄덕인다.

미시(뭔가를 깨달으며): 네 잘못이라고 생각하는구나.

크리스가 고개를 끄덕인다.

크리스가 의자를 더 강하게 긁는다.

크리스: 몸이 말을 안 들어요.

미시: 말을 안 듣지.

크리스가 고개를 끄덕인다.

미시: 좋아. 이제 바닥으로 가라앉아.

크리스: 잠깐만요, 저...

미시: 가라앉아.

"팅팅"

크리스의 손이 강박적으로 의자 팔걸이를 긁어 구멍을 낸다. 크리스의 손이 멈춘다. 입이 열리고 눈을 뜬 채 얼어붙는다.

플래시백 – INT. 작은 아파트 – 밤

팅팅.

갑자기 열한 살 크리스가 침대와 바닥을 뚫고 아래로 떨어진다.

플래시백 종료

INT. 암흑

공포. 스물여섯 살의 크리스는 숨을 빠르게 쉬지만 어둠 속에서 마치 물 속에서처럼 슬로우 모션으로 떨어진다.

그는 칠흑 같은 심연 속으로 떨어지면서 허우적거린다. 머리 위에 대형 TV와 같은 스크린의 희미한 파란색 깜박임이 크리스를 비춘다. 미시가 앉아서 찻잔을 부딪치며 크리스에게 말을 걸고 있다.

사방에서 미시의 목소리가 들린다.

현재 – INT. 미시의 집무실– 밤

크리스는 의자에 앉은 채 미동도 없다. 움직일 수가 없다. 눈을 크게 뜨고 미시를 똑바로 응시한다.[28]

INT. 암흑

크리스는 계속해서 스크린에서 멀어지면서 천천히 떨어진다. 갑자기 몸이 공중에서 멈춘다. 크리스는 몸을 똑바로 세운다. 꼼짝하지 않고 얼어붙었다.

크리스: 안 돼요! 안 된다고요!!! 이제 됐어요! 절 다시 꺼내줘요! 제발!!!!

크리스는 고개를 들어 올려다본다. 여전히 머리 위 스크린을 볼 수 있지만 깊고 넓은 우물의 입구처럼 멀리 떨어져 있다.

크리스(속삭이듯): 절 다시 꺼내줘요. 꺼내달라고요. 꺼내달라고요. 꺼내줘요. 꺼내줘요. 꺼내줘요. 꺼내줘요.

INT. 미시의 집무실 – 계속

미시가 일어선다. 미시는 움직이지 않는 크리스의 몸 쪽으로 걸어가서 크리스의 눈을 내려다본다.

INT. 암흑 – 계속

크리스는 암흑 속에서 고개를 들어 올려다본다. 미시가 얼굴이 스크린

에 가까워질 때까지 크리스에게 다가간다.

크리스: 아미티지 부인!!!

미시: 넌 이제 "침잠의 방"에 있어.

미시가 스크린을 향해 손을 뻗어 크리스의 눈꺼풀을 내려 눈을 감긴다. 심연이 거의 완벽히 어두워진다. 이제 크리스는 어둠 속에 혼자 남았다. 크리스는 공포에 질려 울부짖는다.

INT. 로즈의 방 - 새벽

크리스는 로즈의 침대에서 땀을 흘리며 숨을 몰아쉬며 깨어난다. 그는 혼자고 혼란스러워한다. 악몽을 꾼 건가? 두통일까?[29]

로즈는 욕실에서 샤워한다. 로즈가 콧노래를 흥얼거린다. 띠링, 띠링. 크리스에게 메시지가 왔다. 로드가 시드의 입에 맥주를 따라주는 시늉을 하는 사진이다. 크리스가 웃는다. 휴대폰 배터리가 다 닳았다. 그는 휴대폰에 충전케이블을 연결하고 서랍장 위에 올려놓는다.

EXT. 숲속 – 새벽

이제 막 해가 떴다. 풍경이 아름답다. 크리스가 카메라를 들고 마당을 지나 숲 가장자리로 걸어간다.

크리스는 계속 걷는다. 크리스는 카메라 망원 렌즈를 통해 광야를 바라본다. 새 한 마리를 발견하고 사진을 찍는다.

EXT. 뒷마당 – 아침

숲에 있던 크리스가 집으로 걸어간다. 위층 창문 너머로 뜨개질하는 조지나의 모습이 보인다. 크리스가 카메라를 든다. 조지나는 일어서서 거울에 비친 자기 모습을 보며 감탄한다. 그 모습이 아름답다. 조지나가 가발을 벗기 시작한다. 그러다 누군가 자신을 지켜보고 있다는 것을 알아차린 듯 크리스 쪽으로 고개를 돌린다. 크리스는 돌아서서 다른 방향을 보며 사진을 찍는다. 그러고는 창문 쪽을 다시 쳐다본다. 조지나가 사라졌다.[30]

크리스는 마당에서 15미터쯤 떨어진 곳에서 월터가 일하는 것을 본다. 그는 월터를 향해 걸어간다.

크리스: 안녕하세요?

아무 반응이 없다.[31]

크리스: 일이 많으신가 봐요, 그쵸?

월터: 전부 좋아서 하는 일이지.

월터는 예상한 것과 다르다. 대담하고 공격적인 에너지를 갖고 있다. 마치 극도의 열정으로 깊은 혐오감을 숨기고 있는 것 같다. 오싹하다. 크리스는 순간 놀란다.

크리스: 네... 제대로 인사드릴 기회가 없었네요. 크리스예요.

월터: 알아. 로즈의 친구잖아.

크리스: 네, 사실 남자친구죠. 근데 원래 고향이 어디세요?

월터: 로즈 정말 예쁘지, 그치?

크리스: 로즈요? 네, 그렇죠...

월터: 특별하지. 인물도 출중하고. 소중히 다뤄야 할 보물 같은.[32]

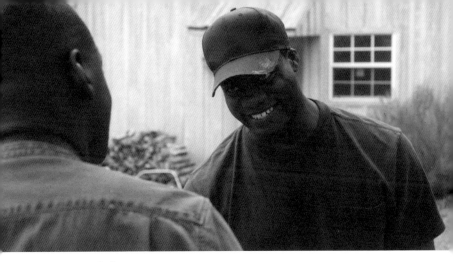

크리스: 맞아요.

월터: 그건 효과가 있었나?

크리스: 뭐가요?

월터: 아미티지 부인의 집무실에 꽤 오래 있었잖아?

크리스: 전...

크리스는 기억을 떠올려 본다.

크리스: 네, 맞아요. 사실 어젯밤에 와인을 너무 많이 마신 것 같아요. 필름이 끊겼어요.

월터: 난 이제 돌아가서 내 앞가림이나 해야겠네.

크리스는 돌아서서 걸어간다. 담배를 꺼내 입에 물지만 이내 뱉어버린다. 맛이 고약하다.

INT. 로즈의 방 – 낮

로즈가 머리를 말리는 동안 크리스가 들어온다. 크리스는 심란해한다.

로즈: 안녕. 어디 있었어?

크리스: 밖에. 사진 좀 찍었어. 어젯밤에 어머님이 최면을 거신 것 같아.

로즈: 잠깐만, 뭐라고?

크리스(혼란스러워하며): 응, 바람 좀 쐬러 나갔다가 어머님과 마주쳤나 봐. 지금은 거의 기억나지 않지만 담배 생각만 해도 울릴 것 같아.

로즈는 약간 신나는 걸 감추려고 애쓴다.

로즈: 미안해. 엄마가 그랬다니 믿을 수가 없군.

크리스: 끔찍한 꿈도 꿨어.

로즈: 어떤 꿈?

크리스: 내가 구덩이 같은 곳에 있었어. 몸이 말을 안 들었어.

크리스: 뭐 그래도 효과는 있네. 자기, 월터한테 무슨 문제 있어?

로즈: 무슨 소리야?

크리스: 방금 얘기를 나눴어. 아주 적대적이던데.

로즈: 무슨 소린지 모르겠네?

크리스: 나도 모르겠어. 널 좋아하나 봐. 질투 같은 걸 하나?[33]

로즈: 그런 적 전혀 없는데... 그래도 네가 그렇게 느꼈다면 내가 한번...

크리스가 그녀를 바라본다.

로즈: 아빠랑 얘기해 볼게.[34]

크리스: 아냐, 아냐, 아냐. 아버님께 말하진 마. 괜찮아. 괜찮다고.

로즈: 네가 위협을 느꼈다니까 재밌네.

크리스: 위협까지는 아니고.

로즈는 어떤 소리를 듣고 창밖을 본다. 자동차 행렬이 앞마당으로 들어온다. 크리스도 본다.

로즈: 좋아, 이제 시작하네.

EXT. 뒷마당 – 정오

파티가 한창이다. 30명 남짓한 손님들이 신나게 어울린다. 일본인 한 명을 제외하면 전부 백인이다. 몇몇은 말발굽 던지기 게임을 한다. 조지 나가 전채요리를 내놓는다.[35]

로즈와 크리스가 파티장을 둘러본다. 크리스는 미시가 몇몇 손님과 어 울리는 주방 창문 너머를 흘끗 바라본다. 미시는 크리스와 눈을 마주치 고는 시선을 돌린다.

크리스와 로즈는 68세의 고든 그린과 그의 아내인 67세의 에밀리 그린 을 만난다. 고든은 지팡이를 짚고 장난기가 넘치는 귀여운 남자다. 에밀 리는 예쁘고 날씬하다. 두 사람은 크리스를 유심히 바라보며 입가에 미 소를 짓는다. 고든이 크리스의 손을 힘껏 잡으며 악수한다.

고든: 만나서 반갑네, 크리스. 정말 만나서 반가워. (에밀리에게) 악력이 좋네.

크리스: 고마워요. 저도요.

고든: 골프 쳐본 적 있나?

크리스: 사실 몇 년 전에 한 번 쳤어요. 잘 못하겠더라고요.

에밀리: 고든은 프로 골퍼로 오래 활동했어요.

크리스: 네? 정말요?

고든: 예전처럼 허리가 안 돌아가. 그래도 타이거 우즈는 알아.

로즈와 크리스는 미묘한 미소를 짓는다.

에밀리: 고든은 타이거 우즈를 좋아해요.

고든: 내가 아는 최고의 선수야. 역대 최고지. 정말로. 자세 한번 볼까?

크리스는 고든의 농담을 잘 받아준다.

고든: 자네 나이 때 지금 알고 있는 것을 알았다면? 끝내주게 칠수 있었을 텐데 말이야.

크리스: 그래도 시간을 되돌리기에는 좀 아깝긴 하죠.

다 같이 웃는다.

EXT. 뒤뜰 – 잠시 후

크리스와 로즈는 82세의 넬슨 디츠와 얘기를 나누다. 넬슨 디츠는 산소 호흡기를 낀 채 휠체어를 타고 있다. 그의 트로피 와이프이자 입이 방정 맞은 54세의 리사 디츠는 크리스를 향해 응큼한 미소를 짓고 있다(트로 피 와이프는 부유하고 사회적 지위가 높은 남성이 새로 맞아들인 아름답고 젊은 아내를 칭하는 말이다–옮긴이). 리사 디츠는 네덜란드 억양으로 말한다.[36]

리사(로즈에게): 정말 잘 생겼네?

로즈: 엄청요.

리사가 크리스의 팔뚝을 꽉 거머쥔다. 다소 익숙한 행동이다.

리사: 나쁘지 않은데요, 넬슨?

넬슨은 말없이 쳐다보기만 한다.

리사(로즈에게): 그래서, 그게 맞니? 밤일 말이야. 더 잘해?

128

리사의 노골적인 질문에 로즈가 낄낄거리며 웃는다. 음료를 마시던 크리스는 거의 숨이 넘어갈 뻔한다. 리사는 계속 크리스를 자세히 살핀다.

크리스: 와. 음...

리사(로즈에게): 내가 너무 노골적인가?

로즈: 나중에 얘기해요.

크리스: 와, 진짜 그러려고?

EXT. 뒤뜰 – 잠시 후

크리스와 로즈가 60세의 파커 드레이와 57세의 에이프릴 드레이와 이야기를 나눈다. 두 사람은 술에 약간 취해서 뺨이 불그스레한 와스프 커

플이다(와스프는 백인·앵글로색슨·개신교도로 미국 상류 사회의 주류를 이루는 집단을 가리키는 말–옮긴이). 크리스와 로즈는 지루함과 곤혹감을 감추려고 애쓴다.[37]

삭제 장면 295쪽 참조

파커: 이 나라를 봐봐. 처음 몇백 년 동안은 더 하얀 피부를 선호했지만, 상황이 다시 바뀌었어. 그렇지 않니...? 까만 피부가 "유행"이야!

크리스: 실례할게요. 사진 좀 찍고 올게요.

크리스가 자리를 뜬다.

크리스가 사진을 찍기 위해 파티를 둘러본다. 그러고는 서로 대화를 나누는 손님 사진을 몇 장 찍는다. 단체로 낄낄거리는 소리가 들린다.

크리스는 딘이 세 커플과 일본인 남자 한 명과 활기차게 수다를 떠는 모습을 본다. 딘은 재빨리 주변을 훑어보고 크리스를 찾고는 크리스 쪽을 가리킨다. 세 커플이 손을 흔들며 환하게 웃는다. 다들 조금 전까지 크리스에 대해 이야기하고 있었다. 크리스는 못 본 척한다.[38]

갑자기 크리스는 유난히 폭이 넓은 넥타이를 매고 골프 모자를 쓴 흑인 남성을 보게 된다. 그 남자는 술병이 놓인 테이블 앞에 서서 크리스와는 등을 지고 있다. 크리스는 안도한다.

EXT. 뒤뜰 – 잠시 후

남자가 테이블 곁에서 마티니를 만들고 있다. 크리스가 다가간다.

크리스: 여기서 동족을 만나니 반갑네요.

남자가 단정하게 크리스를 향해 고개를 돌린다. 남자는 영화 첫 장면에 등장했던 안드레지만 많이 달라진 모습이다. 안드레는 월터나 조지나 와 마찬가지로 어색한 미소를 짓고 있다. 목소리도 첫 장면과는 완전히 다르다. 더 이상 도시 억양의 흔적은 찾아볼 수 없다. 안드레가 부드럽 고 천천히 한 단어 한 단어 정확히 발음한다.[39]

안드레: 네, 물론 그렇죠.

크리스는 안드레가 좀 더 적극적으로 대화하기를 기대한다. 안드레는 그렇지 않다. 그저 웃고 있는 크리스를 바라볼 뿐이다.

크리스: 여기 아는 사람이 있으세요?

안드레: 왜요, 물론 아미티지 가족을 알죠. 저희는 가족과 친구 사이예요.

60세의 부유한 백인인 필로미나는 완고하고 경계를 늦추지 않는 여성이다. 필로미나가 두 사람 사이에 끼어든다.

필로미나(안드레에게): 여기 있었네. 자, 이것 좀 챙겨요.

필로미나가 안드레에게 냅킨을 건네자 안드레는 순순히 냅킨을 주머니에 넣는다. 필로메나는 안드레가 자신의 소유물인 양 등에 손을 얹는다.

필로미나(크리스에게): 오, 안녕. 필로메나예요... 그쪽은...?

크리스: 크리스예요. 로즈의 남자친구.

필로미나: 환상적이네요. 정말 잘 어울려요.

안드레: 미안, 내가 깜빡했네요. 로건, 로건 킹이에요. (필로미나에게) 크리스가 내가 여기 있어서 맘이 더 편하다고 했어.

크리스는 실망한다. 안드레는 크리스가 기대했던 것과는 다르다.

필로미나: 그거 잘됐네요. 로건, 둘을 떼어놓기는 싫지만 윈콧 부부가 자기에 대해 물어봤어요.

안드레/로건: 아, 그럼 만나서 반가웠어요, 크리스.

크리스: 네.

크리스가 안드레/로건에게 주먹 인사를 하려고 주먹을 내민다. 안드레/로건은 크리스의 주먹을 잡는다.

안드레/로건: 또 봐요.

안드레/로건과 필로미나가 웃으며 걸어간다. 두 사람은 자신들이 온 걸 보고 박수를 보내는 몇몇 사람들과 합류한다. 안드레/로건이 입은 옷을 뽐내며 빙글빙글 돈다.[40]

EXT. 뒤뜰 – 잠시 후

삭제 장면 296쪽 참조

크리스는 정자 근처에 앉아 있는 어떤 남자를 본다. 남자의 곁에 있던 운전기사가 자리를 뜬다. 크리스가 남자에게 다가간다.

EXT. 정자 – 낮 [41]

짐: 무지해...

크리스는 정자 앞에 안내견과 함께 앉아 있는 시각장애인 짐 허드슨을 이전에 본 적이 없었다. 그는 크리스와 가까이 있지만 다른 사람들과는 충분히 멀리 떨어져 있어 아무도 두 사람의 말을 듣지 못한다.

크리스: 누가요?

짐: 전부 다. 다들 의도가 좋더라도 사람들이 실제로 어떤 일을 겪는지는 전혀 몰라.

크리스: 사람들은 눈앞에 있는 것만 보는 것 같아요.

크리스는 자신이 무례한 말을 한 걸 깨닫는다.

크리스: 제 말은...

짐: 맞아. 그리고 보통은 눈앞에 있는 것도 잘 안 보지. 그게 인간이야. 난 짐 허드슨이라고 해.

크리스: 전 크리스예요.

짐: 자네가 누군지 알지. 난 자네 작품 팬이야. 훌륭한 안목을 가졌어.

크리스: 잠깐만요. 짐 허드슨이라면 허드슨 갤러리의 그...?

짐이 미소를 짓는다.

짐: 정말이야. 시각장애인이 아트딜러라는 게 아이러니하다는 사실은 나도 잘 알아.

크리스: 어떻게 일하시죠?

짐: 비서가 작품을 아주 자세하게 설명해 주지. 자네에겐 뭔가가 있어... 자네가 포착하는 이미지들은... 너무 잔인해. 내 말은... 너무 우울하달까. 강렬해. 내가 보기엔.

크리스: 감사합니다.

짐: 나도 잠시 그 일을 했었어. 주로 자연을 찍었지. 내셔널지오그래픽에 열네 번이나 지원했는데, 결국 그럴만한 '안목'이 없다는 걸 깨달았지. 딜러 활동을 시작하기 전까지는 예술계에서 아무도

나를 진지하게 받아들이지 않았어. 물론 그사이 시력도 잃고.[42]

크리스: 저런.

짐: 알아. 인생은 정말 블랙 코미디가 될 수도 있어. 어느 날은 암실에서 인화 작업을 하다가 다음 날에는 덜컥! 눈을 떠도 앞이 깜깜해졌지. 유전병이야.

크리스: 그건 더럽게 불공평해요.

짐: 맞아. 더럽게 불공평하지.

삭제 장면 297쪽 참조

INT. 아미티지 하우스 주방 – 낮

크리스가 주방을 통과해 걸어간다.

INT. 아미티지 하우스 거실 – 낮

크리스는 여러 소그룹을 이뤄 어울리는 손님들을 지나친다. 그러고는 계단을 이용해 2층으로 올라간다.

손님들은 시야에서 크리스가 사라지고 소리가 들리지 않을 정도로 멀어지자마자 하던 대화를 멈춘다. 방에 있는 모든 사람이 가만히 2층에 있는 크리스의 발소리에 귀 기울인다. 이제 손님들이 대화를 나누는 척한 것이 분명해졌다. 그들은 모두 크리스의 다음 행동을 기다린다.[43]

3막

INT. 아미티지 하우스 2층 복도 – 낮

크리스가 로즈의 방쪽으로 걸어간다.

INT. 로즈의 방 – 계속

크리스가 로즈의 방에 들어간다. 침대가 정돈되어 있다. 크리스는 서랍장 위에 둔 휴대폰을 든다. 충전케이블이 뽑혀 있고 배터리가 다 닳았다. 이상하다. 복도에서 삐걱거리는 소리가 들리는 동안 크리스는 다시 충전케이블을 꽂는다.[44]

INT. 아미티지 하우스 2층 복도 – 낮

크리스가 로즈의 방을 나선다. 복도 맞은편에 문이 열려 있다. 크리스는 천천히 복도를 걸어 내려와 안을 들여다본다. 힙합 포스터와 라크로스,

주짓수 트로피 몇 개를 발견한다. 제레미의 방이다. 방 안에 인기척이 있다. 조지나가 침대를 정돈하고 있다.

INT. 아미티지 하우스 거실 – 낮

로즈가 크리스를 찾으러 집 안으로 들어온다. 손님들은 모두 다시 어울리고 있다. 로즈는 2층으로 올라간다.

INT. 아미티지 하우스 2층 복도 – 낮

크리스가 제레미의 방을 들여다본다. 문소리에 크리스의 인기척을 느낀 조지나가 천천히 고개를 돌린다. 크리스는 조지나에게 들키기 전에, 그리고 로즈가 2층으로 올라오자마자 재빨리 로즈의 방으로 돌아간다.

로즈: 자기.

크리스가 손을 흔들며 방으로 들어오라고 한다.

INT. 로즈의 방 – 낮

로즈: 자기 뭐야? 나 혼자 밖에 두고는.

크리스가 로즈에게 조용히 그리고 흥분해서 말한다.

크리스: 누가 내 휴대폰 충전케이블을 뽑았어.

로즈: 누가?

크리스: 조지나가. 로드한테 전화하려고 하는데 배터리가 없어.

로즈: 그래서... 조지나가 왜 그랬지?

크리스: 내가 너랑 있는 게 마음에 안 드나봐.

로즈(믿을 수 없다는 듯): 정말?[45]

크리스: 믿기지 않지만 사실인걸.

로즈: 남의 휴대폰 충전케이블을 뽑아서는 안 되지만 일부러 그랬을 것 같신 않아.

크리스: 됐어. 신경 쓰지 마.

로즈: 안 돼, 그러지 마. 그런식으로 넘어가려고 하지 마... 나한테 이러지 마. 우린 한편이잖아.

크리스: 그래, 알았어. 미안해. 다 괜찮아. 그럼 다시 충전하고 금방 내려갈게, 됐지?

로즈: 알았어... 로드와 시드에게 안부 전하고.

INT. 크리스의 아파트 – 낮

로드는 시드와 함께 소파에 누워 TV를 보고 있다.

로드: 오, 너 완전 구경거리가 된 거 아냐?

Intercut: INT. 로즈의 방 – 같은 시간

크리스는 로즈의 방에 혼자 있다. 그는 창밖을 내다본다.

크리스: 정말 이상해. 여기 사람들 일부는 자기 일을 도와주는 흑인 빼고는 흑인을 본 적이 없는 것 같아.

로드: 맞네. 너 지금 함정에 빠졌어.

크리스: 그리고 젠장, 말하기도 싫은 것도 있어.

로드: 뭔데?

크리스: 어젯밤 최면에 걸렸어...

로드: 뭐야, 진짜로?

크리스: 응, 담배 끊으려고. 로즈 어머니가 정신과 의사야.

로드: 잘나가는 정신과 의사라고 해도 상관없어. 누가 내 머릿속에 들어오게 하면 안 돼.⁴⁶

크리스: 알아. 로즈 어머니가 나를 방심하게 했어. 뭐 괜찮아. 어쨌거나 효과가 있었으니.

로드: 아냐. 존나 무서운 일이네. 그 사람들이 너한테 뭘 시킬지 누가 알아. 백인들은 미친 성노예에 관심 있다고. 그거 알지?

크리스가 웃는다.

크리스: 아냐, 로즈 가족이 변태 성욕자들은 아닌 것 같아—

로드: 왜 아냐? 제프리 다머는 깜둥이의 머리를 먹었지만 그건 그 놈이 성욕을 채운 후였어(제프리 다머는 미국의 악명 높은 연쇄살인마로 17명의 피해자 중 대부분이 젊고 건장한 흑인 남성이었다-옮긴이). 피해자들이 그런 막장을 예상이나 했겠어? 당연히 아니지. 이번에는 그냥 좆이나 빨고, 다음번에도 좆을 빨 테지만 그땐 대가리가 몸에 붙어 있지 않을 거야, 크리스.

크리스: 생생하게 설명해 줘서 고마워.

로드: A&E 채널에서 봤으니 실화란 말이야.

크리스: 여기 흑인들도 마찬가지야. 마치 다른 시대에 살고 있는 것 같아.

로드: 최면에 걸린 건지도 모르지—

크리스(건조하게): 하하.

로드: 난 그냥 네가 준 단편적인 정보로 큰 그림을 그려본 것뿐이야. 로즈 엄마가 흑인들한테 약을 먹이고 섹스하는 거 말야. 아주 확실하고 좆된 거야. 로즈 엄마 섹시하냐?

크리스: 진짜 좆된 거는 네가 테러와의 전쟁 최전선에 있는 거지.

로드: 난 분명히 경고했다. 좆 같은 마녀들의 모임에서 널 구하러 시골에 들를 생각은 없으니까... 로즈 엄마가 정말 섹시하다면 모를까. 10점 만점에 몇—

크리스: 고마워, 로드. 안녕.

크리스는 전화를 끊고 돌아선다. 조지나가 섬뜩한 미소를 지으며 현관에 서 있다. 크리스는 깜짝 놀란다.

조지나: 안녕하세요.

크리스: 안녕하세요.

조지나의 목소리는 떨리고 조심스럽다. 겉으로는 웃지만 속으로는 화가 나 있다.

조지나: 사과할 게 있어요. 물어보지도 않고 남의 물건을 만진 건 정말 무례했어요.

크리스: 오, 아뇨. 괜찮아요. 그냥 혼란스러웠어요.

조지나: 뭔가 의심스러운 짓을 한 거는 아니라는 걸 알아주세요. 설명해 드릴게요. 아침에 서랍장을 닦으려고 휴대폰을 들었다가 실수로 떨어뜨렸어요.

크리스: 네, 전—

조지나: 더는 손대지 않고 그대로 뒀어요. 바보처럼.

크리스: 아뇨, 괜찮아요. 일러바치려던 건snitch 아니었는데...

조지나: 일러바친다고요snitch?

크리스: 고자질Rat you out?

조지나: 고자질쟁이tattletale.

크리스: 그래요.

조지나: 걱정하지 마요. 장담컨대 저도 입이 무거워요.

크리스: 맞아요... 그냥 가끔 저도 백인이 너무 많은 곳에 있으면 긴장돼요.

크리스의 말은 반은 농담이다. 조지나는 웃지 않는다. 대신, 잠시 눈을 어디에 둘지 모른다. 조지나는 공허한 미소 뒤에 아픔이 있는 듯 눈물을 흘린다.[47]

조지나: 아뇨, 아뇨, 아뇨, 아뇨, 아뇨, 아뇨, 아뇨... 아주 특이하시 네요? 저는 그런 적이 없어요. 아미티지 가족은 정말 잘해줘요. 가족처럼 대해주죠.[48]

EXT. 뒤뜰 – 오후

크리스는 다시 뒤뜰로 걸어가고, 딘은 크리스가 아직 만나지 못한 손님 일곱 명을 접대한다. 크리스가 다가오자 사람들이 환하게 웃으며 돌아선다. 다들 사적인 농담을 나누는 것 같다.[49]

딘: 크리스! 드디어 보는구나. 내 오랜 친구들을 소개해 주고 싶었어. 잠깐이면 돼. 차례로 데이비드와 마르시아 윈콧, 로날드와 셀리아 제프리스, 히로키 다나카, 프레드리히와 제시카 월든이야.

데이비드와 마르시아, 로날드와 셀리아, 히로키, 프레드리히, 제시카 등 각각의 커플은 자신이 호명되면 손을 흔든다.

크리스: 기억할 이름이 너무 많지만, 안녕하세요...

커플들은 모두 불편하게 웃는다.

히로키(일본어로 딘에게): 크리스에게 질문해도 될까요?

딘(일본어로): 물론이죠.

히로키: 현대 사회에서 아프리카계 미국인이라는 점이 더 유리하거나 불리하다고 생각하나요?[50]

크리스는 자신에게 온전히 집중하는 사람들을 쭉 훑어본다. 긴 침묵이 이어진다. 크리스는 로즈를 찾는다. 로즈는 누군가와 대화하고 있다.

크리스: 음, 잘 모르겠어요.

사람들 모두 굶주린 흡혈귀처럼 웃는다. 크리스는 이 도발적인 집단 심문이 매우 불편하다. 안드레/로건과 필로미나가 크리스에게 다가간다.

크리스: 사실 좋은 질문이에요. 로건! 손님들이 아프리카계 미국인의 경험에 대해 물어봤어요. 로건 씨가 대신 답해주실 수 있을 것 같은데.

안드레/로건은 약간 당황했지만 곧장 대화에 뛰어든다.

안드레/로건: 아프리카계 미국인으로서 제 삶은, 대부분, 아주 좋아요. 한동안 집에 처박혀 있고 싶어서 아주 구체적으로 밀하기는 어려워요.[51]

사람들이 낄낄거리며 웃는다. 크리스가 휴대폰을 꺼낸다.

필로미나: 우린 집순이가 됐죠...

안드레/로건(필로미나에게): 요즘은 도시에 가도 딱히 흥미가 생기지 않아. (사람들에게) 집안일이 저의 안식—

모두가 안드레와 로건에 주목하는 가운데 크리스는 안드레/로건과 사람들 쪽으로 휴대폰을 들어 사진을 찍는다. 플래시가 터진다.

크리스: 젠장.

다들 크리스를 바라본다. 안드레/로건은 앞으로 걸어가 크리스를 이상하게 바라본다. 고개를 살짝 젖힌 로건의 평온한 표정이 서서히 광기 어린 공포로 바뀐다. 파티 손님 중 일부는 숨을 제대로 못 쉰다.

필로미나: 로건?

안드레/로건이 잔을 떨어뜨리고 크리스를 향해 비틀거리며 걸어간다. 크리스가 뒤로 물러서지만 안드레는 이미 크리스에게 바짝 붙었다.

안드레: 나가get out.[52]

안드레/로건의 목소리는 영화 첫 장면에서처럼 더 높고 갈라진다.

크리스: 이봐요, 미안해요. 전—

안드레/로건이 크리스의 어깨를 붙잡고 비명을 지른다. 코에서는 피가 흘러나온다.

안드레: 제기랄, 당장 여기서 나가라고!!!

필로미나와 제레미가 안드레/로건을 붙잡는다. 두 사람은 안드레/로건이 크리스를 붙잡은 손을 떼어내려 한다. 그러자 안드레/로건은 등골이 오싹해지는 비명을 지른다. 두 사람은 안드레/로건을 집 안으로 데려가는 데 사력을 다한다. 그 뒤로 미시가 따라간다.

INT. 거실 – 오후

로즈가 팔짱을 끼고 소파에 앉아 있다. 크리스의 위로를 받아도 트라우마에 시달리는 게 분명하다. 걱정된 손님 몇 명이 주위를 맴돈다. 딘이 들어와 목을 가다듬는다. 다들 딘에게 주목한다.

로즈: 도대체 무슨 일이죠?

딘: 발작이었어요.[53]

로즈: 발작?

크리스: 왜 그런 식으로 저한테 달려들었죠?

딘: 발작은 다양한 증상으로 나타날 수 있지.

로즈: 네, 그래도 무작위로 사람을 공격하기도 하나요?

딘: 휴대폰 플래시가 발작을 일으킨 것 같아.

안드레/로건이 미시와 필로미나와 함께 몇몇 사람들의 걱정 어린 박수를 받으며 등장한다. 제레미가 뒤따라온다.

안드레/로건이 '로건'의 목소리로 사람들에게 입장을 밝힌다. 크리스는 이제 그를 알아보겠다는 듯이 쳐다본다.

안드레/로건: 여러분께 사과를 드려야 할 것 같네요.

사람들이 수군거린다.

미시: 다시 정신이 돌아오셨으니 정말 다행입니다.

안드레/로건: 네, 그렇죠. 선생님이 계셔서 절 진정시켜 줘서 정말 다행입니다. 제가 여러분을 많이 놀라게 한 거 알아요... 특히 크

리스한테.

크리스: 죄송해요, 플래시가... 문제가 될지 몰랐어요.

안드레/로건: 당연히 몰랐겠죠. 알 방법이 없죠.

필로미나(안드레/로건에게): 술을 입에 대지 말았어야 했어요.

안드레/로건: 맞아. 이제 여러분은 저의 놀라운 재치 없이 모임을 이어가셔야 해요. 이 모든 시련으로 저는 상당히 지쳤으니까요.

사람들이 웃는다.

딘: 물론이죠.

안드레/로건: 만나서 반가웠어요.

크리스: 네.

크리스는 뭔가가 의심스럽다.

미시(딘에게): 분위기를 띄울 뭔가가 없을까요?

미시가 필로미나와 안드레/로건을 데리고 자리를 뜬다.

딘: 네! 아버지가 좋아하는 폭죽놀이와 빙고 시간인 것 같군요.[54]

제레미: 네, 빙고!

사람들이 박수친다. 딘이 로즈와 크리스에게 폭죽을 건네준다.

로즈: 저희는 산책하러 갈 거예요.

로즈는 크리스의 손을 잡고 현관문 밖으로 안내한다. 크리스는 자리를 뜨면서 로즈와 거리를 둔다.

EXT. 숲 – 오후

로즈와 크리스가 호숫가를 걷는다. 두 사람이 든 폭죽에서 소리가 난다.

크리스: 간질을 앓는 사촌이 있어. 아까 그건 발작이 아니었어.[55]

로즈: 그러니까... 우리 아빠는 신경외과 의사야.

크리스: 그 사람 안 지 얼마나 됐어?

로즈: 잘 몰라. 필로미나는 어렸을 때부터 알았는데 작년에 남편

과 사별했지. 로건은 새 남편이야... 왜?

크리스: 모르겠어. 이상하게 들릴지 모르겠지만, 그 사람이 눈앞에 다가왔을 때 이상한 느낌이 들었어.

로즈: 로건을 알아?

크리스: 아니, 로건은 몰라. 근데 내 멱살을 잡은 사람은 알아.

로즈: 크리스... 그건 말도 안 돼.

EXT. 뒤뜰 – 같은 시각

크리스와 로즈가 자리를 비운 사이 파티 손님들은 모두 뒷마당에 모여 정자 앞에 서 있는 딘을 바라보고 있고, 딘의 곁에는 이젤에 걸린 크리스의 대형 사진이 보인다. 모두 침묵하고 있다.

딘이 손을 들어 손가락으로 "3, 3"같은 숫자를 표시한다. 손님 다수가 손을 든다. 딘이 월든 부부를 가리킨다.

경매가 진행 중이다.[56]

EXT. 숲 – 같은 시각[57]

로즈와 크리스는 숲속 작고 구석진 곳에 있다.

로즈: 안 돼, 안 돼 , 안 돼. 이러지 마...

크리스: 무슨 말을 해야 할지 모르겠어. 어머님이 내 머릿속에 들어온 것 같아. 머릿속에 들어온 것 같다고.

로즈: 자기를 도와준 줄 알았는데.

크리스: 아냐, 안 그랬어. 내 머릿속에 들어왔어. 머릿속을 엉망으로 만들고 그 뒤론...

크리스가 말을 멈춘다.

로즈: 크리스... 나 어디 안 가. 말해봐.

INT. 뒤뜰 – 같은 시각

딘이 다시 손을 들어 손가락으로 "4, 5"같은 숫자를 표시한다.

고든 그린이 손을 든다. 딘이 손으로 그린을 가리키며 입찰을 수락한다.

EXT. 숲 – 같은 시간

크리스: 중요한 건 겉으로 보이는 게 아니라 실제로 벌어지는 일이야.

로즈: 무슨 일이 벌어지고 있는데? 설명해 줘. 미안, 무슨 말을 하는지 모르겠어. 그래, 여기 다들 미쳐있지만 나한테 화내진 말아줘.

크리스: 화내는 건 아냐. 아니라고. 그냥 여길 떠야겠어.

로즈: 난 그냥 여기 있고?

크리스: 자기 원하는 대로 해. 난 갈게.

삭제 장면 301쪽 참조

EXT. 뒤뜰 – 같은 시각

경매가 시작된다. 딘의 빠르게 수신호를 보낸다. 세 커플로 압축되었다.

던이 "5, 6"이라는 수신호를 표시한다. 고든 그린이 손을 든다. 던이 그린을 가리킨다.

던이 "5, 8"이라는 수신호를 표시한다. 디츠 부인이 손을 든다. 던이 디츠 부인을 가리킨다.

던이 "6"이라는 수신호를 표시한다. 짐 허드슨이 두 손을 들고는 "10"이라는 수신호를 표시한다.

곁에 있던 기사가 허드슨의 귀에 속삭인다. 던이 짐 허드슨을 가리킨다.

딘이 사람들을 둘러보며 "10, 2?", "10, 2?"라는 수신호를 보낸다. 사람들이 주위를 둘러본다. 아무도 참여하는 사람이 없다. 딘이 미소를 짓는다. 드디어 딘이 주먹으로 손바닥을 치며 짐 허드슨을 가리킨다. 기사가 허드슨의 귀에 속삭인다.

손님들은 기쁨과 실망이 뒤섞인 박수를 보낸다.

EXT. 숲 – 해 질 녘

삭제 장면 302쪽 참조

크리스: 우리 엄마가 돌아가시던 날 밤, 911에 전화하지도 않고 엄마를 찾으러 나가지도 않았다고 말했잖아.

로즈: 자기—

크리스: 한 시간, 두 시간, 세 시간이 지나도록... 그냥 가만히 앉아 있었어... 그저 TV만 보면서.

로즈: 자기 잘못이 아니야.

크리스: 나중에야 엄마가 처음 차에 치였을 때까지만 해도 살아 계셨다는 걸 알게 됐어. 밤새 길가에 피를 흘리며 차갑고 외롭게 누워 계셨어. 그렇게 이른 아침에 돌아가셨어. 춥고 외롭게. 그런

164

데 나는 TV를 보고 있었어. 시간이 있었는데. 누군가 엄마를 찾아 나섰다면 시간이 있었을 거야. 하지만 아무도 찾지 않았어.

크리스가 운다. 로즈도 위로의 눈물을 흘린다.⁵⁸

로즈: 자기가 아직 어렸을 때야.

크리스: 응... 맞아.

로즈: 자기가 할 수 있는 게 아무것도 없었어...

크리스: 노력은 할 수 있었어... 노력은.

로즈는 거의 뭔가 말할 뻔했지만 하지 않는다. 로즈는 이해한다.

크리스: 이제는 자기뿐이야. 자길 두고 여길 뜨지는 않을게. 자길 버리지는 않을 거야. 알겠지?

로즈는 눈물을 닦으며 고개를 끄덕인다.

로즈: 집에 가자.

크리스: 그럴까?

로즈: 그래, 자기 말이 맞아. 짜증 나. 내가 뭔가 조치를 해볼게. 돌아가자.

크리스: 사랑해.

로즈: 나도 사랑해.

두 사람은 일어나서 집으로 걸어간다.

EXT. 집앞 잔디밭 – 해 질 녘

마지막 손님이 차에 타서 출발할 때 크리스와 로즈가 집으로 다가간다.

크리스: 금방이네.

로즈: 응.

손님들이 현관 앞에 있는 월터와 조지나에게 손을 흔들고 크리스와 로즈에게 인사를 건넨다. 제레미도 현관에 있다. 제레미는 이전보다는 순하게 보인다. 파커와 에이프릴 드레이가 떠난다. 파커는 술에 취했다.

파커: 안녕, 크리스! 만나서 반가웠어요. 앞으로—

크리스와 로즈가 손을 흔든다.

에이프릴: 가요, 여보. 쓸데없는 소리 하기 전에.

크리스가 웃는다. 월터가 리사가 올라타는 차 문을 닫아준다. 월터는 기분 좋게 서서 차가 떠나는 모습을 지켜본다. 월터는 늘 그렇듯 미소를 지으며 크리스를 향해 돌아선다. 크리스와 로즈가 집에 온다.

INT. 아미티지 하우스 욕실 – 밤

세면대에 물이 흐른다. 크리스가 손을 씻으며 거울을 본다. 크리스는 휴대폰에서 안드레/로건을 찍은 사진을 찾아서 누군가에게 보낸다.

크리스는 휴대폰을 충전하고 짐을 싸러 간다. 휴대폰이 울린다. 크리스가 전화를 받는다.

크리스: 여보세요.

Intercut: INT. 크리스의 아파트 – 밤

로드가 통화 중이다. 시드도 곁에 있다.

로드: 드레잖아.

크리스: 드레?

로드: 안드레 헤이워스! 베로니카랑 같이 어울리곤 했잖아, 기억 안 나? 그 사람인데.

크리스: 베로니카...

로드: ...테레사의 언니! 8번가 극장에서 일했어. 옷을 왜 저렇게 입었지?

크리스(로드의 말을 알아듣고는): 그래. 안드레. 하지만... 잠깐, 잠깐, 잠깐, 이건 말도 안 돼. 완전히 다른 사람이던데.

로드: 그러게. 왜 저렇게 입었데?

크리스: 그래, 그것뿐 아니라 다 이상해. 서른 살 정도 연상인 백인 여자랑 같이 파티에 왔어.

로드: 뭐?

크리스: 여자 상사인지, 아니면 불륜인지, 아니면 둘 다인지도 모르지.

로드: 성노예네! 크리스, 너 지금 〈아이즈 와이드 셧〉에 나올 듯한 난교장에 있어. 당장—

전화기가 꺼진다. 배터리가 다 닳았다.

INT. 로즈의 방 – 밤

크리스가 확실한 목적을 가지고 짐을 싸러 간다. 로즈가 들어온다.[59]

로즈: 자기, 밥 먹고 가면 안 돼?

크리스: 안 돼. 당장 가야 해.

로즈: 무슨 일 있어?

크리스: 차에서 얘기할게.

로즈: 알았어. 가방을 가져올게.

로즈가 자리를 뜬다.

바로 그때 로즈의 옷장이 삐걱거리며 열린다. 크리스는 옷장 안에서 로즈의 액자 사진을 본다. 크리스는 자신이 보게 될 것이 무엇인지 모른 채 옷장으로 다가간다. 거기에는 끔찍한 뭔가가 있다. 고등학교 시절 맥베스 연극에 등장하는 마녀 중 한 명으로 분장한 로즈의 사진이 있고, 이 사진 밑에는 공연용 가면이 그려진 빨간 신발 상자가 있다. 크리스가 상자를 꺼내자 그 안에는 사진 더미가 있다.

맨 위에는 고등학교 연극에서 줄리엣으로 분장한 로즈의 사진이 있다. 다음 사진에는 〈애니〉에서 해니건 양을 연기하는 열세 살 로즈의 모습이 있다. 크리스는 다른 학년 연극에 출연한 다양한 연령대의 로즈의 사진을 몇 장 더 넘겨본다.

마침내 크리스는 컴퓨터로 출력한 사진 한 장을 발견한다. 로즈가 다른 흑인 남성과 함께 찍은 셀카 사진이다. 그 사진은 아미티지 하우스에 오기 전에 로즈가 크리스와 함께 찍은 사진과 거의 같다. 사진 아래에는 다음과 같은 문구가 적혀 있다. "2014 크리스마스." 깜짝 놀란 크리스는 다음 사진으로 넘긴다.

이번에는 다른 흑인 남성과 함께 찍은 또 다른 로맨틱한 셀카 사진이다. 그 아래에는 "2013 메모리얼 데이"라는 설명이 달렸다.

크리스는 로즈가 다른 흑인 남자 여덟 명과 함께 찍은 사진을 계속 넘겨본다. 마지막 사진은 월터와 함께 찍은 사진이다. 사진 속 로즈는 월터의 뺨에 다정하게 뽀뽀한다. "2009 추수감사절." 사진 속 월터는 뭔가 달라 보인다. 그냥 웃기만 하는 게 아니라 자신감이 넘쳐 보인다.[60]

로즈: 자기? 준비됐어?

로즈는 크리스의 뒤쪽 문에 서 있다. 크리스는 조심스럽게 사진을 신발 상자에 다시 넣는다.

로즈: 뭐해?

크리스: 응, 음... 카메라 찾고 있어.

로즈: 여기 있어. 로즈가 카메라를 건네준다.

크리스: 열쇠가 어딨더라...? 가방 금방 트렁크에 실을게.

로즈가 자기 가방을 들고 뒤적거린다.

로즈: 알았어. 여기 어딘가 있을 거야. 자기 괜찮아?

크리스: 응, 그래. 차로 이동하면서 찾아봐.

크리스는 로즈를 두고 문 밖으로 나간다.

INT. 현관/거실 - 밤

로즈가 크리스를 따라 계단을 내려간다.

로즈(작은 목소리로): 크리스... 무슨 문제 있어?

크리스: 아무것도 아냐.

제레미가 현관문 근처에 서서 라크로스 라켓을 돌리고 있다.

제레미: 그냥 가는 거야? 이제 막 파티가 시작됐는데.

크리스: 차에 가 보려고. 열쇠가 거기에 있는지 보려고.

크리스 뒤에 있는 복도로 미시가 들어온다.

미시: 차 한잔할래, 크리스?

크리스: 괜찮아요.

아미티지 가족은 침묵한다. 미시가 크리스를 뚫어지게 쳐다본다. 크리스는 눈을 피한다.[61]

미시: 가려고 하는구나. 무슨 일 있니?

크리스: 아뇨, 그냥... 음...

로즈(걱정하듯): 기우는 개가 아프대요. 아침 일찍 동물병원에 가야 해요.

미시의 집무실 안에서 활활 타오르는 벽난로 앞에 서 있던 딘이 리모컨으로 재생을 누르자 어두운 클래식 음악이 흘러나온다.

딘: 목적이 뭐니, 크리스?[62]

크리스: 네?

딘: 인생에서 말이야. 목적이 뭐냐고...?

크리스: 지금은 차 키를 찾는 거죠.

딘은 불길을 응시한다.

딘: 매혹적이지 않니? 불은 인간의 유한성을 보여줘. 탄생하고 숨을 쉬고는 죽지.

크리스: 로즈...

로즈가 엉클어진 가방을 뒤적거린다.

로즈: 찾고 있어.

딘이 이제 벽난로 위의 그림을 바라본다.

딘: 태양조차 언젠가는 사라질 거야, 크리스. 신성한 건 다름 아닌 우리야. 고치 속에 갇혀 있는 신이지—

크리스: —로즈—

딘: 자네 세례받을 거지, 그치? 새롭고 완벽하게 깨어 있기 위해

허물을 벗을 거야. 당연히 그렇게 하겠지.

크리스: 저는 성공회 신자로 자랐어요.

크리스는 문 쪽으로 걸어가기 시작하지만, 제레미가 허공을 향해 라크로스 라켓을 휘두르면서 막아선다.

제레미: 와! 조심해, 형씨.

미시: 제레미...

제레미: 전 아무것도 안 하는데요.

미시: 뭐 해, 지금?!!

딘: 그게 우리의 목적이야! 우리의 운명이지! 영적 변화에 필요한

것은 새것을 담을 그릇의 의지가 희생되어야 한다는 거야!!!

크리스: 로즈! 차 키 줘![63]

로즈가 뒤로 물러선다.

로즈: 자기, 내가 차 키를 줄 수 없다는 거 알면서 왜 그래.[64]

크리스가 문을 향해 달려간다. 미시가 숟가락으로 컵을 두드린다.

"팅팅. 팅팅." 크리스의 주변 세상이 순식간에 흐려진다. 크리스가 쓰러지기 시작한다. 크리스는 어떤 섬광을 본다.

INT. 암흑

크리스는 최면에 걸렸을 때처럼 다시 어두운 마음의 심연으로 떨어진다. 크리스의 위에 있는 파란색 스크린에는 크리스의 눈에 실제로 비치는 것이 표시된다. 바닥으로 몸이 거꾸로 떨어지는 크리스의 시선에 담긴 현실 세계다. 추락! 이제 화면은 거실 천장을 보여준다. 제레미가 크리스 쪽으로 몸을 기울인다.

제레미: 젠장!

미시(O.S.): 다쳤어?

크리스: 안 돼![65]

미시(O.S.): 아래층으로 데려가. 제레미, 다리 잡아. 여보, 도와줘요.

제레미: 혼자 옮길 수 있어요.

미시(O.S.): 아니, 조심해. 이미 충분히 손상됐으니. 여보, 제발요.

딘과 제레미에 의해 들어 올려져 방 밖으로 옮겨지는 크리스의 시점을 계속 보여주는 스크린 아래로 크리스가 계속해서 천천히 더 떨어지고 있다.

크리스: 로즈! 안 돼, 안 돼, 안 돼. 젠장, 젠장...

딘: 너 아무래도 떨어뜨릴 것 같아.

제레미: 아뇨. 괜찮아요.

미시(O.S.): 다들 말조심해. 크리스가 전부 들을지도 모르니.

제레미: 왜요? 조만간 다 알게 될 건데.

미시: 이런 식으로 알면 안 돼.

딘: 엄마 말 들어.

크리스: 로즈!!!!

로즈가 크리스의 얼굴에 다가간다.

로즈(속삭이며): 자기는 내가 좋아한 남자친구 중 하나였어.[66]

크리스가 가라앉는 것을 멈춘다. 크리스가 몸을 틀어 상체가 위로 향하게 선다.

크리스: 안 돼!! 도와줘!!! 도와달라고!!!!! 도와줘!!!!!!

문이 삐걱거리며 열린다. 크리스의 몸이 아래층으로 내려가며 어둠 속

으로 사라진다. 심연 속에 있던 스크린이 어두워진다.[67]

삭제 장면 302쪽 참조

EXT. 공항 – 출발 터미널– 낮[68]

로드가 담배를 피우며 크리스에게 전화를 건다.

크리스의 음성 메시지 (V.O.): 나 크리스야. 지금 휴대폰이 없거나 그냥 너랑 통화하고 싶지 않아.

로드(불안해하며): 뭐야? 야, 사람 놀라게 하냐? 어제 돌아올 줄 알았는데. 벌써 집에 가서 처자고 있으면 좋겠어. 알았어. 연락줘.

INT. 크리스 집 거실 – 밤

로드가 문을 연다. 시드가 배고프다는 듯 꼬리를 흔든다.

INT. 크리스 집 주방 – 잠시 후

로드가 크리스에게 전화하는 동안 개 사료를 개봉한다.

크리스의 음성 메시지(V.O.): 안녕, 나 크리스야. 지금 휴대폰이 없거나 그냥 너랑 통화하고 싶지—

로드가 전화를 끊는다. 그리고 시드의 그릇을 내려놓는다. 시드는 사료를 먹지 않는다. 대신 로드를 돌아보며 칭얼거린다.

로드: 그래... 나도 마찬가지야.

INT. 크리스 집 거실 – 잠시 후

로드는 노트북 너머 크리스의 책상을 보며 멍을 때리고 있다. 시드가 로드의 무릎에 앉는다. 로드가 검색창에 "안드레 헤이워스"를 입력한다. 안드레의 사진이 나온다.

로드는 "안드레 헤이워스에게 무슨 일이 일어났나?"라는 제목의 기사를 발견한다. 제목 아래 굵은 글씨로 "브루클린 출신, 에버그린 할로우에서 실종"이라고 표기되어 있다.

What Happened to Andre Hayworth?
,200+ followers

Any Information Please Contact 1-800-555-1055
LAST UPDATED: JAN 21, 2016   258K VIEWS

| First Part | All Parts | Tips | Related |

1. Use photographs that are up close. Pictures of the missing person's face and upper body tend to work the best.

2. If law enforcement determines person has been abducted and the abduction meets certain criteria, they may issue an Alert. An Alert notifies broadcasters and state transportation officials.[9]

What Happened to Andre Hayworth?
Brooklyn Native Goes Missing In Evergreen Hallow.

244,200+ VIEWS

ocal Jazz Musician, Andre Hayworth Goes Missing In Evergreen Hallow. Friends and family are unable o find any clues to the disappearance. The search has exhausted all resources and funds available ...

How To Report Missing Persons

Related searches

Who is Andre Hayworth

Missing Person Records: Northeas

Brooklyn Missing Persons Bulletin

Evergreen Hallow Resident Missing

Family Outraged Search Cancelled

Andre Hayworth disappearance

Unexplained Missing Persons

Related image searches

로드가 눈을 크게 뜬다.

로드: 이런, 젠장.

INT. 아미티지 하우스 게임룸 – 잠시 후

크리스가 깨어난다. 크리스 앞에는 빈티지한 스탠드 일체형 TV가 있고 그 위로 박제한 사슴의 머리가 걸려 있다. 크리스 뒤에는 날개를 펼친

184

채 박제한 부엉이 아래에 염소 머리가 놓여 있다. 방 주변에는 여러 가지 물건이 정밀하게 배치되어 있다.[69]

작고 어두운 방 한가운데에는 가죽을 씌운 의자가 있고 크리스의 팔과 다리는 의자에 묶여 있다.

크리스가 팔과 다리를 묶은 벨트를 잡아당긴다. 벨트를 이로 갉아보지만 너무 두껍다.

크리스: 아 젠장. 아 젠장. 아 씨발. 아 젠장. 아 씨발?! [70]

크리스 앞에 있는 텔레비전이 깜빡이고 어떤 영상이 나온다...

EXT. 아미티지 하우스 – 해 질 녘

TV 화면에 아미티지 하우스 정원의 아름다운 풍경이 보인다. 영상 속에서 잔잔한 클래식 기타 음악과 함께 나무 사이로 해가 떠오른다. 영상은 90년대 중반의 느낌이 물씬 풍긴다. 크리스는 혼란스러워한다. 영상이 전환되면서 일몰을 바라보는 80세의 백인 남성 로먼 아미티지의 모습이 드러난다.

로먼: 아, 일출보다 더 아름다운 것이 있을까요?

로먼은 카메라를 향해 고개를 돌린다. 복도에 걸린 사진에서 로먼이 로즈의 할아버지라는 사실을 알 수 있다. 영상 속 로먼은 유쾌한 분위기를 풍기지만 속으로는 악의에 찬 기쁨을 억누른다.

로먼: 안녕하세요, 저는 로먼 아미티지입니다. 이 영상을 보고 계신다면 무슨 일이 일어나고 있는지 궁금하실 겁니다. 곧 답을 드릴 테니 걱정하지 마세요. 잠시 산책을 할까요...

EXT. 아미티지 하우스 – 계속

로먼은 카메라를 보며 이야기하는 동안 가끔 가지치기하며 울타리를 지나간다.

로먼: 제가 당신은 이제 일하지 않아도 된다고 말하면 어떠세요? 더 이상 책임감이나 인생의 어려운 결정을 내릴 필요가 없겠죠. 그런 걸 원하지 않나요? 산책을 좀 더 하죠.

EXT. 아미티지 하우스 뒷마당 – 잠시 후

로먼이 집 뒤쪽으로 걸어간다.

로먼: 당신은 평생을 누려온 신체적 이점 때문에 선택받았습니다. 당신의 타고난 재능과 우리의 결단력이 합쳐져 우리는 곧 더 큰 무언가의 일부가 될 겁니다. 어떤 완벽한 존재 말이죠.

EXT. 아미티지 하우스 뒷마당 – 잠시 후

멀리서 로먼이 걸어간다.

로먼(V.O.): 코아글라 수술은 인간이 만든 기적이죠. 우리 공동체는 이 수술을 수년 간 개발했지만, 최근에야 제 살과 피로 완성했습니다.[71]

EXT. 아미티지 하우스 뒷마당 – 잠시 후

로먼(V.O.): 저를 포함한 우리 가족은 우리 그룹의 구성원에게 이 서비스를 제공하게 되어 영광입니다.

로먼이 집으로 다가오자 78세의 백인 여성인 조시 아미티지가 부엌 창문을 통해 로먼에게 손을 흔든다.

로먼: 힘을 아끼세요. 싸우려고 하지 마세요. 불가피한 일을 막을 수는 없습니다.

EXT. 아미티지 하우스 앞마당 – 잠시 후

아미티지 가족이 로먼을 중심으로 좌우로 서 있다. 모두 로먼보다 스무 살 아래다. 딘과 미시, 그리고 6살 로즈와 제레미도 있다.

로먼: 어쩌면 우리 가족의 일원이 되는 게 좋아질 수도 있죠.

가족이 카메라를 향해 손을 흔든다. "코아글라에 주목하라"라는 자막이 나온다.

화면이 꺼진다. 몇 초 후 화면이 다시 켜지고 찻잔에 초점을 맞춘 화면
이 나온다. 숟가락이 찻잔을 저으면서 소리를 낸다. "팅팅, 팅팅"

크리스가 어떤 반응을 하기도 전에 잠이 들어버린다.

삭제 장면 303쪽 참조

INT. 경찰서 – 낮

로드는 시드를 무릎에 앉힌 채 책상에 앉는다. 40세의 흑인 여자 형사 라토야가 들어온다. 이런 일에 잔뼈가 굵은 인물이다. 라토야는 봉지를 뜯어 해바라기씨를 먹기 시작한다.[72]

라토야: 안녕하세요, 미스터....

로드: 윌리엄스... 로드 윌리엄스입니다...

라토야: 교통안전국 소속인가요?

로드: 네, 형사님.

라토야: 교통안전국 문제는 승인 담당자에게 보고해야 한다는 걸 알고 계시죠?

로드: 교통안전국 업무가 아닙니다, 형사님.

라토야: "형사님"이라고 부르지 마세요. 계속 그렇게 부르면 우리 사이가 서먹해질 거예요. 교통안전국의 로드 윌리엄스 씨, 뭘 도와드릴까요?

로드: 여기 있어요. 우리 크리스가 이틀째 실종됐어요.

라토야: 아드님이 실종되셨나요?

로드: 아뇨, 아들이 아니라 친구예요. 제 친구고. 스물여섯 살이에요. 이름은 크리스입니다... 워싱턴...

로드는 라토야 형사가 이름을 적을 시간을 주지만 라토야 형사는 따로 기록하지 않는다. 그저 로드를 쳐다볼 뿐이다.

로드: 금요일에 로즈라는 여자친구와 함께 떠났어요...아미티지 하우스로... 로즈는 백인이죠.

라토야: 그게 나흘 전이란 말이죠.

로드: 네, 실종된 지는 이틀밖에 안 됐어요. 원래—

라토야: 됐어요. 실종 신고를 하려면 연락 두절 최소 시간이 있는데—

로드: 저도 알아요. 사흘밖에 지나지 않았지만 납치됐다고 믿을 만한 근거가 있어요.

라토야: 계속해봐요.

로드: 일요일에 집으로 돌아올 예정이었어요. 제가 크리스의 반려견인 시드를 돌보고 있거든요.

라토야가 시드를 가리킨다.

라토야: 애가 시드인가 보죠.

로드: 네. 귀엽죠? 자, 보세요...

로드는 휴대폰을 꺼내 안드레의 사진을 찾는다.

로드: 크리스가 여자친구의 부모님 집에서 찍은 사진을 보내줬어요. 예전에 알던 안드레 헤이워스라는 사람이죠. 6개월 전 주 북부의 부자 동네에서 실종되었다고 하더군요.

라토야: 실종된 것처럼 안 보이네요.

로드: 그게 문제죠. 우리가 안드레를 찾았는데 크리스 말에 따르면 안드레가 다른 사람이 되었어요.

라토야: 어떻게 달라졌다는 거죠?

로드: 이 친구는 브루클린 출신이에요. 원래는 이런 옷을 입지 않았어요.

라토야: 저도 예전에 지금처럼 입지 않았죠.

로드: 게다가 지금은 자기보다 나이가 배로 많은 백인 여성과 결혼했어요.

라토야: 음, 그렇다면 옷 스타일이 바뀐 게 설명이 되는데요. 이봐

요, 교통안전국 로드 윌리엄스 씨—

로드: 알아요, 알아요. 더 자세히 설명해 드릴게요. 지금 제가 하는 말이 헛소리로 들릴 거란 거 알아요.

라토야: 해보세요.

로드: 잘 들으세요... 이 가족이 흑인들을 납치해서 염병할 성노예로 일하도록 세뇌하는 것 같아요. 욕해서 미안해요.

라토야: ...세뇌요?

로드: 네.

라토야: 잠깐만요. (인터폰으로) 가르시아, 드레이크, 잠깐만 이리 와봐요. (로드에게) 이 경관들에게 방금 말한 걸 똑같이 들려줘요.

INT. 경찰서 – 잠시 후

두 명의 형사, 37세의 가르시아와 43세의 드레이크가 라토야 형사 뒤에 서 있다.[73]

로드: 최면으로 사람을 노예로 만들 수 있는 건지 모르겠지만, 이미 우리가 아는 흑인 두 명을 붙잡고 있고, 얼마나 더 있을지는 누가 알겠어요.

세 경찰이 모두 꼼짝하지 않고 집중한다... 그러고는 웃음을 터트린다. 로드의 말은 전혀 진지하게 받아들여지지 않는다.

라토야 형사(동료들에게): 그러니까, 내가 뭐랬어, 웃길 거라고 했잖아요... 백인 여자들한테 매번 당할 거라잖아요.

경찰들이 더 크게 웃는다.

삭제 장면 304쪽 참조

INT. 크리스의 아파트 – 해 질 녘

로드가 시드와 함께 창가에 앉아 있다. 그는 옥상을 바라보며 생각에 잠긴다. 로드는 전화기를 들고 크리스에게 다시 전화를 건다. 크리스가 안 받을 거라는 걸 알고 있다. 그러고는–

로즈: 여보세요?[74]

방심한 로드가 휴대폰을 떨어뜨릴 뻔한다.

로즈: 크리스?

로드: 야, 음, 로즈니? 나 로드야.

로즈: 안녕.

로드: 크리스는 어딨어?

Intercut: INT. 아미티지 하우스 – 식당 – 해 질 녘

로즈는 식탁 옆에 서서 크리스의 휴대폰으로 통화한다. 로즈가 울기 시작한다.

로즈: 이틀 전에 갔어.

로드: 떠났다고?

로즈: 크리스가 예민하게 굴었고 싸웠어. 벌컥 화를 내더라고. 택시 타고 집에 가버렸는데 휴대폰을 두고 갔어. 잠깐만... 크리스 못 봤다고?

로드: 응, 여기 안 왔어.

로즈: 오, 이런.

로드: 내가 계속 전화했었어. 경찰서에 갔더니—

로즈: 뭐라고 했는데?

로드: 크리스가 실종됐다고.

로즈: 알았어, 잠깐만... 음... 크리스 이모한테 전화했어?

로드: 응. 하나만 물어볼 게, 로즈. 크리스가 어느 택시회사 차 탔어?

로즈: 모르겠어. 아마 지역 업체일 거야. 우버일 수도 있고. 잠깐만, 너무 헷갈려...

로드: 잠깐만 있어봐.

로드가 휴대폰 음 소거를 한다.

로드(작은 소리로): 이 년은 지가 이 일에 관여한 걸 알면서 이러네.

로드는 크리스의 컴퓨터에서 녹음 프로그램을 실행해서 휴대폰을 가까이에 대고 녹음을 시작하고는 휴대폰의 음 소거 기능을 해제한다.

로드: 지난번에 크리스랑 통화할 때 너희 엄마가 최면술을 걸었다고 하던데?

로즈는 말이 없다. 그러고는...

로즈: 로드, 그만해.

로드: 엉?

로즈: 네가 왜 전화했는지 알아.[75]

로드: 왜 했는데?

이제 로즈의 가족들이 거실에서 서 있는 모습이 보인다. 가족들은 로즈가 어떻게 답하는지 지켜본다.

로즈: 뭐, 너무 뻔하잖아.

로드: 뭐?

로즈: 우리 사이에 뭔가가 있다는 거 말야.

로드: 아냐, 난 크리스 때문에 전화하는 거야.

로즈: 다 같이 술을 마시러 가서... 네가 날 쳐다보던 게 기억나.

로드: 크리스는 내 절친이야. 네게 뭔 짓을 했으면—

로즈: 네가 나랑 하는 거 생각하는 거 알—

로드: 아니, 미쳤어? 뭐? 아냐!

로드는 당황해서 전화를 끊고는 무기력하게 시드를 바라본다. 로즈의 표정이 무표정하게 바뀐다. 로즈는 전화기를 식탁 위에 올려놓고 가족을 돌아본다. 가족들은 잘했다는 듯 지켜본다.

4막

INT. 게임룸 – 낮

의자에 계속 묶여 있던 크리스가 다시 깨어난다. 진이 빠진 상태다. 의자 팔걸이가 더 뜯겨 있다. 크리스 앞에 있는 텔레비전이 다시 깜빡인다.

크리스: 잠깐만—

이번에는 찻잔이 아닌 다른 이미지가 나온다. 그것은...

INT. 게임룸 – 텔레비전 – 낮

머리를 밀어버린 짐 허드슨이 환자용 침대에 앉아 있다. 짐은 텔레비전을 통해 크리스와 마주한다.

짐: 안녕, 크리스. 어떻게 지내나...? 자네도 답할 수 있어. 방에 인터폰이 있으니.

크리스: 목말라요.

짐: 나도 알아, 이게 어떤 블랙 코미디처럼 느껴질 수도...

크리스: 로즈는 어딨어요?

짐: 밝히기는. 넌 운이 좋은 축에 속해. 날 믿어. 제레미의 포획 방식은 훨씬 더 기분 나쁘거든. 나는 지금 상황에서 자네가 이해 못하는 문제에 대해 답을 주려고 해. 우리가 이 수술에 대해 함께 이해하는 것은 수술 성공에 긍정적인 영향을 미치니까.

크리스는 침묵한다.

짐: 좋아, 그럼 그게 뭔지 얘기하지. 1단계는 최면술이었어. 아미티지 가족이 자네를 진정시키는 방법이었지. 지금이 2단계야. 정신적 준비. 본질적인 수술 전에 심적인 준비를 하는 과정이지.

크리스: 수술 전 과정이라고요?

짐: 3단계는 뇌 이식이야. 실제로는 부분적으로 이루어져. 신경 체계와 연결된 자네 뇌의 일부를 그대로 둘 필요가 있어. 복잡한 연결 상태를 온전히 유지한 채 말이야. 자네의 일부는 여전히 어딘가에 남아있을 거고, 의식은 제한적이어서 몸이 하는 일을 보고 들을 수 있지만, 자네의 존재는 일종의 승객... 즉 관객으로 존

재할 거야. 삶은 이어갈—

크리스(낙담한 채): —"침잠의 방"에서요.

짐: 맞아. 미시가 그렇게 부르지. 내가 운동 기능을 제어하니까 내가—

크리스: 내가 되는군요... 당신이 내가 되는군요.

짐: 좋아. 머리가 잘 돌아가는군. 잘했어.

크리스: 왜 흑인들을...?[76]

짐: 모르지 뭐. 사람들은 변화를 원해. 어떤 사람은 더 강해지고, 더 빠르고, 더 멋있어지길 원해. 뭐라고 뭐라고 해도 그런 무식한 헛소리에 나를 엮지는 마. 난 인종 따위는 관심 없으니. 자네가 까맣든, 갈색이든, 녹색이든, 보라색이든... 상관없어. 사람은 사람이니까. 내가 원하는 건 깊이야. 너의 안목을 원해.

크리스: 미쳤군요.[77]

짐: 그보다 더 좋은 칭찬도 있을 텐데?[78]

INT. 게임룸 – 텔레비전 – 낮

텔레비전이 꺼진다. 크리스는 결박에서 벗어나려고 발버둥치다가 지쳐서 어깨가 축 처진다. 크리스는 고개를 든다. 의자의 가죽 팔걸이가 뜯겨서 솜털이 드러나 보인다. 크리스에게 어떤 아이디어가 떠오른다.

INT. 게임룸 – 낮

심장 박동 소리 외에는 아무것도 들리지 않는다. 크리스는 고개를 숙이고 잠들어 있다. 입술이 말라 있다. 크리스가 깨어난다.

텔레비전이 켜진다. 화면에서 한 여성이 찻잔을 들고 있다. 숟가락으로 찻잔을 부딪친다. 하지만 소리가 나지 않는다. 여전히 심장 박동 소리만 들린다.

크리스: 아니, 아니—

크리스가 비명을 다 지르기도 전에 눈이 커진다. 그는 다시 의식을 잃고 축 늘어진다.

INT. 수술실

짐 허드슨이 링거와 심장 모니터에 연결된, 방 중앙에 있는 수술 침대 두 개 중 하나에 의식을 잃은 채 누워 있다.

밝은 의료용 조명이 짐의 삭발한 머리를 비춘다. 머리에는 수술 부위를 표시한 점선이 그려져 있다. 아직 비어 있는 다른 침대에도 조명이 비추고 있다. 크리스를 위한 침대다.

딘이 의식용 수술복을 입고 가운데 서서 양초 옆에서 손바닥을 위로 들고 조용히 기도한다. 딘과 마찬가지로 수술복을 입은 제레미가 딘을 지켜본다. 딘이 기도를 마친다.

딘: 톱...

제레미가 딘에게 수술용 원형톱을 건넨다.

딘: 용기 가져와.

딘이 짐의 두개골을 톱질하기 시작하자 제레미가 자리를 뜬다.

INT. 어두운 복도

제레미는 링거를 단 휠체어를 끌고 복도를 따라 내려간다.

INT. 게임룸

제레미가 휠체어를 들고 온다. 그는 크리스의 팔과 다리의 결박을 풀어
준다. 그러고는 링거를 준비하려고 돌아선다.

크리스가 보체볼을 손에 들고 제레미 뒤로 다가간다. 크리스는 최면에
걸리지 않았다!

크리스는 보체볼로 제레미의 뒤통수를 내리친다. 제레미는 고통에 몸
부림친다.

크리스가 다시 제레미를 가격한다. 제레미는 절뚝거리며 쓰러지고 머
리에서 피가 솟구친다.[79]

크리스는 귀에서 솜 귀마개를 빼고 다시 들을 수 있게 된다.

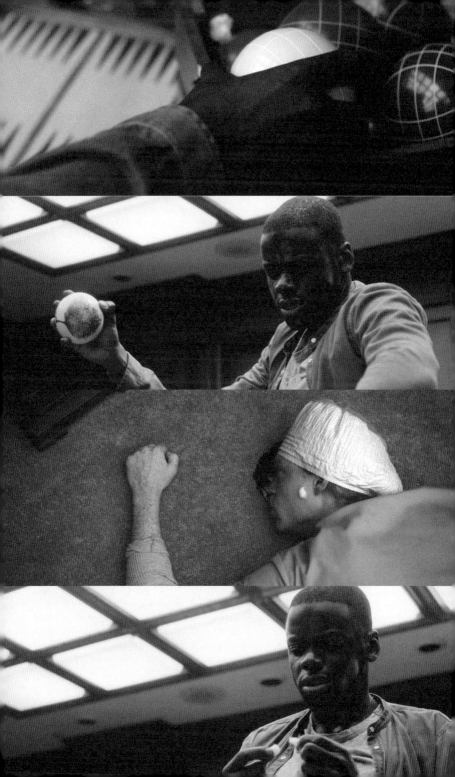

INT. 수술실

딘은 짐의 머리뼈 윗부분을 톱으로 잘라낸다. 머리뼈를 제거하자 뇌가 고스란히 드러난다.

딘: 제레미...?

딘은 출입구로 걸어가 어두운 복도를 확인한다. 복도는 조용하다.

크리스가 사슴의 머리를 품에 안고 어둠 속에서 돌진하며 나온다. 사슴 뿔이 딘의 목과 몸통에 구멍을 낸다.

딘은 목과 몸통에서 피를 흘리고 비틀거리며 수술실로 돌아온다.

딘: 아아아——[80]

입안을 가글하는 듯한 비명 소리가 들린다. 딘이 넘어지면서 촛불을 넘어뜨려 빈 침대에 불이 붙는다. 불은 빠르게 번진다. 크리스는 문을 닫고 영정 사진이 늘어선 어두운 복도를 계속 걷는다. 그러고는 칠흑같이 어두운 계단을 발견하고 올라간다.

INT. 주방 – 밤[81]

조지나가 근처에 앉아 뜨개질한다. 창문이 이전과 마찬가지로 주변 방을 비춘다.

조지나는 어떤 냄새를 맡는다.

조지나는 갑자기 두려움에 떤다.

조지나는 뒷마당을 비추는 불을 껐다가 다시 켠다.

지하실 문 너머로 피투성이가 된 크리스의 모습이 보인다. 크리스는 야만인처럼 보인다. 조지나가 뒷문으로 뛰어나간다.

크리스는 문으로 향하다가 식탁 위에 놓인 휴대폰을 발견하고는 가져간다.

212

INT. 미시의 집무실- 계속

크리스가 휴대폰을 들고 전원 버튼을 누른다. 로딩 화면이 나타난다.

크리스는 현관문으로 걸어간다. 크리스와 미시가 서로 마주 본다.

방 한가운데 있는 의자 옆 탁자 위에 찻잔이 놓여 있다. 둘 다 찻잔 쪽으로 달려드는데 크리스가 조금 더 빠르다. 크리스는 찻잔을 책상에서 떨어뜨려 깨뜨린다.

두 사람은 잠시 서로를 쳐다본다. 미시가 책상을 향해 걸어가고 크리스가 쫓아간다. 미시가 책상에서 레터 오프너를 집어 들고 크리스의 손을 찌른다. 크리스가 미시의 손목을 잡는다.

크리스는 제정신이 아니다. 그는 힘의 우위를 과시하듯 미시와 이마를 맞댄다. 이 순간 크리스는 복수의 화신이 된다.

미시: 안 돼, 안 돼, 안 된다고!

크리스는 분노에 찬 비명을 지른다. 그는 미시를 집무실로 더 밀어붙인다. 격렬한 싸움의 몸부림과 비명으로 인한 소리가 들린다. 빠르게 번쩍이는 칼날이 보인다.

램프 불이 꺼지면서 "쾅" 하는 소리가 들린다. 싸움 소리가 잦아진다. 미시가 입안을 헹구는 듯한 소리를 낸다. 크리스가 레터 오프너를 들고 전보다 더 피투성이가 된 채 방에서 나온다.

INT. 현관 – 계속

크리스가 현관문 쪽으로 돌아선다. 제레미가 얼굴에 피를 묻힌 채 갑자기 나타나더니 크리스 뒤에서 주짓수 초크 기술을 쓴다.

크리스는 두 차례 뒤에서 제레미를 찌르려고 하지만 실패한다. 크리스가 손잡이를 잡고 문을 열자 제레미가 문을 쾅하고 닫는다. 몸싸움은 계속되고 제레미의 초크 기술이 더 깊숙이 들어간다. 크리스가 다시 문을 향해 가자 제레미가 문을 발로 차서 두 사람을 다시 벽으로 밀어붙인다. 크리스가 아래를 내려다본다. 크리스는 어떤 아이디어를 떠올리지만 빠르게 의식을 잃고 있다.

거의 정신을 놓을 뻔한 크리스가 문을 향해 마지막으로 밀어붙인다. 다시 문 손잡이를 잡으려고 손을 뻗지만 헛수고처럼 보인다.

크리스가 다시 문을 열고, 제레미가 다시 문을 발로 찬다. 크리스가 제레미의 다리를 밟는다. 제레미는 무릎을 꿇는다.[82]

크리스가 제레미를 발로 차 바닥에 쓰러트린다. 그러고는 세 차례에 걸쳐 제레미의 머리를 밟는다.

크리스: 주짓수다, 개자식아!

크리스가 제레미의 주머니에서 열쇠를 꺼낸다. 잠시 후...

INT. 로즈의 방 – 밤

로즈는 침대에 앉아 음악을 들으며 대학 농구에 대해 조사하고 있다. 로즈 뒤로 흑인 남자친구들과 함께 찍은 사진들이 걸려있다.[83]

INT. 스포츠카 – 밤

크리스가 스포츠카 운전석에 올라탄다. 조수석에는 중세 기사 투구가 있다. 마침내 크리스의 휴대폰이 켜진다. 배터리가 간당간당하다. 크리스가 시동을 건다. 카오디오에서 〈도망가, 토끼야, 도망가〉가 들린다.

한밤중 크리스가 아미티지 하우스 앞마당을 통과해 빠르게 달린다.

INT. 스포츠카 – 시골길

크리스가 911에 전화를 건다.

911 교환원: 911 긴급전화입니다.

크리스: 저는 아미티지에—

크리스가 백미러를 본다. 갑자기 "쾅" 하는 소리가 난다! 차가 갑자기 나타난 조지나를 들이받고 밟고 지나간다.[84]

INT. 로즈의 방 – 밤

로즈가 헤드폰을 벗는다. 무슨 소리를 들었다.

EXT. 아미티지 하우스 앞마당 – 밤

크리스는 타이어가 펑크 난 상태에서 몇 초 더 운전하다가 차를 세운다. 그러고는 숨을 크게 쉰다.

크리스(혼잣말로): 안 돼... 안 돼... 하지 마... 그냥 여기서 꺼져... 그냥 가! 그냥...

크리스는 뒤로 돌아 조지나가 꿈쩍하지 않고 쓰러져 있는 것을 본다. 크리스는 지난 일을 떠올린다.[85]

INT. 어린 크리스의 아파트 – 밤

어린 크리스가 아파트에서 TV를 본다.

INT. 스포츠카 – 밤

크리스가 조지나를 돌아본다.

크리스: 젠장!

EXT. 아미티지 하우스 앞마당 – 밤

크리스는 조지나를 데려오기 위해 차에서 내린다. 집 안쪽 깊은 곳에서 부터 불길이 치솟기 시작한다. 크리스가 조지나를 들어 올린다.

INT. 스포츠카 – 밤

잠시 후...

크리스는 조지나를 조수석에 앉힌다. 그러고는 문을 닫고 운전석에 앉아 가속 페달을 밟는다.

로즈가 소총을 들고 집 밖으로 나온다.

로즈: 할머니!!!

크리스가 탄 스포츠카가 잠시 이동한 뒤 조지나가 눈을 뜨고 깨어난다. 조지나는 로즈의 할머니다. 조지나의 가발이 벗겨지자 정수리에 오래된 수술 흉터가 드러난다. 크리스는 아직 그런 조지나를 보지 못했다. 크리스는 휴대폰을 꺼낸다.

짜증이 난 크리스가 카오디오를 끄자 조지나가 크리스의 얼굴을 때리기 시작한다. 둘은 비명을 지른다. 크리스는 차를 나무 쪽으로 돌린다.

조지나의 머리가 앞 유리에 세게 부딪혀 깨진다. 조지나는 죽었다. 차도 망가졌다.

총알 한 발이 백미러를 맞춘다. 약 30미터 뒤에서 로즈가 사냥용 소총

을 들고 서 있다. 크리스는 차에서 기어 나와 도망간다. 로즈는 나무를
맞추고 재장전한다.

로즈: 할아버지!

정원사인 월터가 로즈 뒤에서 전속력으로 달린다. 월터는 로먼 아미티

지라고도 불리는 로즈의 할아버지인데 정말 빠르다. 월터/로먼이 집 앞 잔디밭을 가로질러 곧장 크리스를 향해 질주한다.

월터의 모자가 날아가면서 조지나처럼 머리의 수술 흉터가 드러난다.

월터/로먼은 재빨리 크리스와의 간격을 좁힌다. 크리스가 도로에 도착하자 월터/로먼은 재규어처럼 달려들어 크리스를 뒤에서 덮쳐서 넘어트린다. 월터는 크리스의 얼굴을 짓누른다.

월터/로먼: 빌어먹을!!!

로즈가 두 사람 뒤에 나타난다.

월터/로먼: 네가 모든 걸 망쳤어!!!

앞을 보지 못하는 크리스가 월터/로먼의 얼굴에 휴대폰을 갖다 댄다. 그리고는 사진을 찍는데, 플래시가 월터/로먼의 눈을 비춘다.

월터/로먼이 하던 행동을 멈추고 고개를 들어 올려다본다. 로즈는 월터/로먼이 왜 멈췄는지 혼란스러워한다.

로즈: 왜요...? 할아버지?

월터/로먼이 일어나 정신을 가다듬는다. 눈을 찡그려지고 코에서 피가 흘러내린다. 그는 총을 달라는 듯 로즈에게 손을 내민다. 로즈는 총을 건네준다.

월터/로먼은 크리스가 아니라 로즈의 배에 총을 쏜다. 로즈가 쓰러진다. 월터/로먼은 크리스 쪽을 본다. 월터/로먼의 얼굴은 월터의 분노에서 로먼의 분노로 바뀐다. 그러고는 크리스를 향해 총을 겨눈다.[86]

월터/로먼: 나는 제시의 기록을 못 깼어.

크리스: 뭐라고요?

월터/로먼이 자신의 턱 밑으로 총을 가져가고는 머리를 관통하도록 총을 쏜다. 월터/로먼이 쓰러진다. 멀리서 사이렌이 다가오며 울린다.

크리스는 충격에 빠졌다. 끝난 것 같지만... 로즈가 아직 살아 있다! 로즈의 입에서 피가 쏟아진다.

로즈: 아아아아아!

로즈가 손을 뻗어 총을 잡았지만 크리스가 로즈를 끌어내어 로즈 위로 올라탄다.

로즈: 잠깐만. 잠깐만. 크리스!.. 크리―

크리스가 로즈의 목을 조른다. 크리스의 얼굴에 눈물이 흐른다. 폭력성이 크리스를 집어삼켰다.

크리스: 쉬이이이.

로즈가 경련을 일으킨다. 로즈는 크리스의 손과 뺨을 긁는다. 크리스는 너무 강하다. 로즈는 의식이 희미해지면서 크리스의 눈을 바라본다. 그러고는 고통 속에서 뒤틀린 미소를 짓는다. 사이코패스처럼.

크리스는 로즈의 목에서 손을 뗀다. 로즈는 크리스를 괴물로 만들지 못할 것이다. 로즈는 크리스가 그렇게 할 거라고 확신하지만 혼란스러워한다.

228

크리스: 추위와 고독...[87]

로즈는 고통스럽게 얼굴을 찡그린다. 상처에서 피가 많이 난다. 머리 옆
에서 사이렌 불빛이 깜박인다. 상황이 안 좋아 보인다.[88]

크리스가 손을 들며 불빛 쪽으로 돌아본다. 로즈는 다시 미소를 지으며
다가오는 경찰관들에게 애원한다.

로즈: 도와주세요. 도와줘요! 절 죽이려고 해요.[89]

운전석 문이 열린다. 로드다. 교통안전국 보안 차량에서 사이렌이 울린
거였다!

로드: 이런, 젠장! 크리스! (로즈에게) 너 이제 좆됐어, 그치?

크리스가 다리를 절면서 차 조수석에 올라탄다. 크리스가 겪은 일의 무
게가 얼마나 무거웠는지 분명해 보인다. 로드가 크리스를 바라본다. 로

드는 크리스의 정신 상태를 확인하려고 한다. 그리고 긴장감을 풀려고 애쓴다.

크리스는 말이 없고 아무 생각도 없다. 웃지도 않는다. 로드는 크리스가 제정신으로 돌아오기는 너무 늦었다는 것을 깨닫는다. 로드는 차 앞 유리를 통해 로즈를 바라본다.

로드: 로즈는 어떡하고?

크리스: 좀 떨어져 있어야 할 것 같아.

크리스는 로드를 바라보며 살짝 웃는다. 로드는 안도의 한숨을 내쉰다. 로드가 유턴을 한다. 로드와 크리스는 로즈를 죽게 내버려 둔 채 차를 몰고 떠난다.

로드: 그 정신 나간 집에서 당장 나오라고 했잖아, 인마.

차가 떠나는 모습을 로즈가 지켜본다.

4막 **231**

INT. 로드의 차 – 밤

조수석에 앉은 크리스는 백미러를 통해 로즈가 점점 작아지는 모습을 지켜본다. 그러고는 숨을 들이마시고 눈을 감는다.

대체 결말 307쪽 참조

주석

1막

1

공포영화에서 교외를 무서운 장소로 묘사하는 것은 드물지 않다. 나는
오리지널 영화 〈핼러윈〉의 영향을 확실히 받았다. 이런 동네에서 외지인
은 대개 빌런이었다. 따라서 여기서 외지인을 선한 사람이나 피해자로
표현하는 것은 틀에 박힌 생각을 뒤집는 것이다.

2

이 장면을 쓴 게 트레이본 마틴이 살해되기 전인지 후인지는 기억나지 않
지만, 흑인이 백인 동네를 걷는 장면에서 트레이본 마틴 사건이나 유사한
다른 사건들이 분명히 서브텍스트에 있다. 당시에도 이런 장면은 매우 큰
돌파구였고 "매우 심각한 일을 사소하게 여기는 것은 아닐까?"라는 도덕
적 질문을 제시했다. 결국 흑인이 자신이 괴물로 여겨질 수도 있는 동네에
있을 때 느끼는 공포를 많은 사람이 이해하지 못한다는 사실을 깨달았다.
들어가서는 안 되는 동네를 걷게 함으로써 관객이 그런 공포를 포착하게
하려고 애썼다.

3

최초 촬영본에서는 다트건처럼 소음기가 달린 총으로 납치가 이루어졌
다. 개인적으로 그런 이미지가 마음에 들었다. 마치 조용한 야생에서 흑
인 남자가 사냥당하는 것처럼 동물적인 느낌이 들었다. 하지만 내가 추
구하는 공포물과는 어울리지 않는 분위기라고 생각했다. 이 장면을 제레
미라는 캐릭터와 연결해서 그를 납치범으로 만드는 것은 나중에 가족 모
임에서 얘기되는, 제레미의 주짓수 능력으로 납치가 이루어졌다는 사실

에 개연성을 높여준다고 느꼈다. 사실과 다르다는 것을 알지만, 이런 결정은 종합격투기가 억압된 백인 분노의 표출이라는 고정관념을 강화하는 것이다. 일반적인 두려움인지 아니면 그런 걸 모르는 나만의 두려움인지는 모르겠지만, 길거리에서 누군가 다가와서 순식간에 주짓수 기술을 걸면 나는 죽은 목숨이나 다름없다는 걸 안다.

4

영화 크레딧이 올라오는 장면에서 이런 시점은 특별한 선택이었다. 운전자라면 이 장면을 보는 게 아니라 도로를 볼 것이다. 승객이라면 이 장면을 볼 것이다. 시골에 가는 도시 청년이 어디로 가는지 모른다는 두려움에 사로잡혀 있다. 영화는 도시인이 익숙한 환경을 떠났을 때 느끼는 자연스러운 감정을 많이 활용한다. 고립은 공포의 핵심 요소고, 나는 내가 아는 모든 것에서 멀리 떨어져 자연 속에 있는 상황을 일종의 고립으로 느낀다. 감금당한 건 아니니 도망갈 수 있다. 하지만 어디로 갈 것인가?

5

여기 크리스의 아파트에서 볼 수 있는 사진은 부기Boogie라는 이름의 사진작가의 작품이다. 크리스의 안목과 작품에 가깝다고 느꼈고, 크리스를 도시에 뿌리를 둔 사람으로 자리매김하게 해준다고 생각했다. 특히 임신한 젊은 엄마와 그녀를 외면하는 남자의 모습이 담긴 사진은 크리스를 버리고 간 아버지를 암시하기 위한 것으로, 내 삶에서도 찾아볼 수 있는 장면이다.

6

관객이 크리스와 로즈를 처음 만나는 장면은 양면성을 보여준다. 면도를 하는 크리스와 빵집 유리창 너머로 페이스트리를 보는 로즈 둘 다 유리를 보고 있다. 두 장면 모두 앞으로 벌어질 일을 암시하는 역할을 한다. 크리스는 거울을 보며 면도하면서 하얀 면도 크림을 얼굴에 칠하고 있는

데, 이것은 앞으로 다가올 공포를 보여준다. 로즈는 페이스트리와 함께 뭔가를 선택하는 사람 연기를 하는데, 이것은 아미티지 하우스에서 로즈가 맡은 특정한 역할을 반영했다. 나는 이 장면에서 로즈가 나중에 크리스가 발견하는 사진에서 볼 수 있는 옅은 미소를 짓게 하고 싶었다. 관객들은 돌이켜보면 첫 장면에서 로즈의 실체를 봤는데도 몰랐다는 것을 깨닫게 된다. 이 장면은 로즈만의 특권도 보여주는데, 그것은 로즈가 페이스트리를 마음껏 살 수 있듯이 원하는 모든 것을 가질 수 있다는 점이다.

7

이 장면을 촬영할 때 가장 까다로웠던 것은 로즈를 즉각 호감과 신뢰를 주는 인물로 만들어야 한다는 점이었다. 관객은 로즈의 가족을 만나러 가는 일이 뭔가 잘못된 것이라는 사실을 알고 있고, 로즈가 크리스를 가족들에게 데려가는 사람이라는 사실도 안다. 하지만 로즈는 처음부터 빌런이 되어서는 안 된다. 백인이지만 구원자처럼 보여야 했다. 그래서 영화 초반에 로즈를 주로 똑똑하고 현실적일 뿐 아니라 편안한 유머를 즐기는 인물로 만들었다.

8

더 큰 계략의 맥락에서 로즈는 상품의 가치를 보호하기 위해 크리스가 담배를 피우는 것을 원하지 않는다. 그러나 로즈가 흡연에 반대하는 것은 표면적으로 두 사람의 관계에서 전형적인 두려움을 조성하는 역할도 한다. 로즈 입장에서는 크리스의 건강을 생각하는 것이지만, 크리스로서는 자신의 자유를 빼앗기는 일일 수 있다. 이 장면과 크리스의 흡연은 나중에 미시가 최면을 걸 때 플롯 장치로 사용된다. 애초에 미시가 최면을 걸 이유를 제공하는 동시에 크리스가 최면에 동의할 이유도 제공한다.

로즈도 남자친구의 흡연을 원치 않기 때문에 크리스도 여자친구를 위해 금연을 시도하고 싶어 한다.

9

릴 렐(로드)은 스탠드업 코미디언 출신이어서 장황하게 열변하는 능력이 있는데, 이는 로드라는 캐릭터에 딱 맞다. 이 영화가 색다른 이야기로 느껴지는 이유 중 하나는 로드의 대사가 엉뚱하면서도 매우 사실적이기 때문이다.

10

로드와 로즈가 대화하는 이 장면은 로즈가 이성에게 추파를 던지는 드문 장면 중 하나고, 여기에서도 반쯤 진지한 농담으로 이루어진다. 스포일러가 될 수도 있어서 로즈의 유혹이 선을 넘지 않게 하는 것이 중요했다.

11

일반적인 각본에서 로즈와 크리스가 탄 차가 사슴을 치는 것은 자극적인 사건이 될 것이다. 이 사건이 뭐든 간에 나는 이 영화가 누구도 통제할 수 없는, 그냥 일어나는 일이길 원했다. 도시에 사는 사람들에게는 특히 충격적인 경험이 될 수 있다고 생각한다. 길가에 죽어가는 무언가를 버려둔다는 생각과, 어머니의 죽음과 그 사건에 크리스가 보인 반응에는 분명히 어떤 상관관계가 있다. 크리스가 의식적으로 그 문제에 대해 고민하고 있는지는 아직 모르지만, 곧 그렇게 될 것이다.

12

각본을 쓸 당시 나는 운전을 하지 않았고, 운전자가 아닌 경우 면허증 대신 주민등록증을 휴대한다. 영화에서 명시적으로 밝히진 않았지만, 운전을 할 수 없다는 점은 크리스가 도시 출신이라는 사실을 강화하고 시골에서의 두려움과 소외감을 더욱 심화시킨다. 이런 느낌은 결국 영화 후반부에서 운전 경험이 없는 상태에서 제레미의 차를 훔치는 상황에도 되살아난다.

13

여기서 경찰과 로즈 사이에는 몇 가지 일이 벌어지고 있다. 나는 로즈가 크리스의 행방을 숨기려고 경찰과 다투는 장면이, 크리스가 이 시각 자신과 함께 있다는 사실을 보여주는 서류상의 흔적을 없애기 위한 행동이라는 점을 나중에 관객이 돌이켜 볼 수 있는 순간으로 만들고 싶었다. 로즈의 다른 많은 계략과 마찬가지로 나는 로즈의 진의를 잘못된 방향으로 위장하기 위해 정말 애를 써야 했다. 이 장면의 핵심이 로즈가 크리스에게 얼마나 진심인지 보여주거나, 어쩌면 크리스를 무기력하게 만들어 자신을 힘을 보여주기 위한 것으로 관객이 받아들이게 말이다. 여기서 크리스가 이런 생각을 할 수도 있다. "아, 맞다, 백인과 데이트하면 마법 같은 힘이 생겨서 살해당할 우려 없이 경찰과도 대화할 수 있지."

2막

14

개인적으로 이 장면이 1막의 마지막이자 1막과 2막 사이의 하이라이트라고 생각했다. 나는 여기서 관객들이 흑인 남자친구를 집에 데려왔다는 사실을 알게 된 부모님의 실망스러운 표정을 볼 거라고 예상하는 상황을 떠올렸다. 관객은 보다 미묘한 형태의 인종차별을 기대한다. 즉 인종차별주의자까지는 아니지만 자기 집 안에 흑인을 들이고 싶어 하지는 않는 자유주의자 말이다. 각본을 쓰면서 뇌리에 떠나지 않던 것 중 하나는 "우리 집에는 안 돼"라는 식의 인종차별이 너무 만연하고 당연시되어 있다는 생각이어서, 이런 관점에서 눈 하나 깜빡하지 않는 백인 부모를 만나는 상황은 정말 무서운 일이 될 거라고 느꼈다. "그래, 흑인인 줄 몰랐지만 어서 와, 안녕" 같은 말을 듣는 상황이다. 흠칫 놀라지조차 않는다는 것은 뭔가 잘못되었다는 것을 의미한다.

15

이 집은 미국 남부와 북부의 요소를 모두 갖추고 있다. 이야기상 뉴욕주 북부에 있어야 하지만 촬영은 앨라배마에서 했다. 장소를 물색할 때 뉴욕주 북부의 느낌을 살리는 것이 목표였는데, 북부의 많은 집이 집 앞에 고풍스러운 기둥이 있는 경우가 많았다. 따라서 농장 분위기가 살짝 느껴지면서도 남부에 있는 주택처럼 누가 봐도 농장 주택처럼 보이는 정도는 아니다.

16

이 장면의 많은 부분이 〈악마의 씨〉의 캐스팅에 영향을 받았다. 여기서 아미티지 가족이 '으스스하지' 않을수록 영화 후반부에 더 큰 반전이 있고, 관객과 크리스를 더 심란하게 만든다. 나는 이때까지도 관객이 아미티지 가족에 가까이 다가갈 기회를 박탈하고, 이 집에는 지금까지 펼쳐진 일보다 더 많은 일이 벌어지고 있다는 암시를 주고 있다. 또한 로즈가 크리스가 흑인이라는 사실을 가족에게 말하지 않았다고 밝혔지만, 한편으로는 말을 한 것 같기도 해서 매우 미묘한 상황이다. 로즈의 부모는 흑인 남자친구를 맞이할 준비를 한 것처럼 보이기도 한다.

17

이 장면은 로즈의 줄타기 연기의 또 다른 면이다. 미시를 비롯한 아미티지 가족은 크리스가 최면에 걸리는 방향으로 조직적으로 밀어붙인다. 관객은 이미 로즈가 크리스의 흡연을 싫어하는 모습을 보았지만, 막상 로즈는 부모님을 만났을 때 갑자기 크리스 편을 든다. 로즈가 부모와 대치하는 장면은 로즈의 악행을 숨기기 위한 또 다른 연막일 뿐이다.

18

조지나는 "침잠의 방"에 있고, "침잠의 방"에 갇힌 사람은 관객이 보는 것과 같은 상황을 보고 있다. 자신의 목소리가 들리지 않는 곳에서 비명을 지르고 있는 것이다. 실제 조지나가 아이스티 주전자를 든 채 경련을 일으킬 때, 관객은 조지나가 크리스에게 경고하기 위해 탈출을 시도하는 상황을 처음으로 보게 된다.

19

나머지 아미티지 가족 일원과 비교했을 때 제레미는 확실히 훨씬 더 공격적이다. 제레미는 자신이 크리스에게 얼마나 솔직한지에 대해 맡은 역할을 충실히 하고 있다. 궁극적으로 제레미는 다소 허무주의자다. 언제든 음모가 들킬 수 있다는 점을 알고, 그 경우 그냥 상대방의 목을 졸라서 가족들이 위선을 벗어던질 수 있게 할 수 있지만, 얼마나 많은 관객이 그런 미끼를 물었는지 모르겠다. 나는 제레미라는 좀 더 일반적인 빌런을 제시하고 관객이 그쪽에 주목하게 할 생각이었다. 기본적으로 로즈는 흑인 남자친구를 집으로 데려왔고, 남동생은 미묘하게 배타적인 저의를 가진 인종차별주의자이면서 앞으로의 이야기를 이끌어갈 인물이다.

20

로즈의 야만성에 대한 작은 단면을 드러내되 정당한 방식으로 표현하고 싶었다. 이 이야기를 들은 관객은 로즈를 악랄한 존재로 인식하게 하지는 않는다. 오히려 정당방위처럼 보인다. 사실 코너 가필드는 파티에서 사이코패스와 잘못 얽혀서 키스하려다가 혀를 깨물렸을 뿐이다.

21

제레미는 기본적으로 크리스에게 다음과 같은 말을 하기 위한 첫 걸음을 떼고 있는 것이다. "넌 네가 얼마나 미친년과 사귀고 있는지 모르니 사례를 하나 들려줄게." 내 생각에는 아마 1년 전 로즈가 '남자친구'를 집에 데려왔을 때 비슷한 장면이 펼쳐졌지만, 그 당시에는 제레미가 상황을 망쳐버려서 실수로 남자친구를 죽였을 것이다. 그렇게 함으로써 매끄럽게 진행될 경매를 망쳤을 수 있고, 결국 잔인하게 인질을 케이지에 감금하는 방식으로 경매가 이루어졌을 수도 있다. 아미티지 가족은 그런 일을 반복하고 싶지는 않고, 이번에는 교양 있는 파티를 원한다.

22

"완전히 짐승"이라는 얄팍하게 가린 인종차별 발언은 크리스의 타고난 운동 능력이 자신을 유리하게 만든다고 생각하고, 제레미의 결단력이나 노력 수준까지 겸비하면 크리스가 아무도 못 말릴 존재가 될 것이라는 생각을 뒷받침하며, 이것은 스포츠계의 전형적인 인종차별적 비유다. 하지만 제레미의 행동에는 성애화sexualization도 있다. 나는 노예제도의 가장 큰 동기가 성적 집착이라고 느낀다. 무엇보다도 흑인을 성 노예로 여겼고 흑인을 성적 대상으로 소유하고 강간하려는 욕구인 일종의 페티시화fetishization라고 생각했다.

23

이 부분은 크리스-로즈의 관계와 관련하여 내게는 가장 중요한 장면일 것이다. 각본 초안에서는 역할이 뒤바뀌어 있었다. 나는 내가 옳다고 생각하는 대로 이렇게 각본을 썼다. 크리스가 "아니, 이건 안 좋아. 불편해. 이상해"라고 하자, 로즈가 "그래서 뭐? 너무 오버하는 거 아냐?"는 식이었다. 하지만 나는 곧 입장을 바꿈으로써 아주 많은 걸 얻는다는 사실을 깨달았다. 무엇보다 관객은 로즈가 가족의 인종차별을 처음 발견하는 것처럼 보이지만 무언가 중요한 걸 깨닫는다는 점에 공감하게 된다. 이를 통해 크리스가 겁먹지 않는 이유를 매우 현실적인 방식으로 설명할 수 있다. 크리스는 "이건 일상이야. 흑인이 매일 겪는 일이지"라고 말한다. 로즈가 크리스를 아미티지 하우스에 가둬서 크리스의 화를 돋울 리가 없으니 관객은 로즈를 더욱 신뢰할 수 있게 된다. 로즈가 악의를 갖고 크리스를 데려왔다면, 도대체 왜 평화롭게 지내는 남자친구를 이상한 방식으로 데려다가 관객이 원하는 방향으로 밀어붙이려 할까? 이 영화는 단순히 로즈가 크리스를 속이는 것처럼 간단하지 않기 때문에 체스로 따지면 네 수 앞을 생각해야 이해할 수 있다. 로즈는 관객도 속여야 하는데, 관객은 공포영화를 본다는 사실을 알기 때문에 이미 몇 수 앞에 있다. 그래서 크리스가 로즈에게 표현하는 것은 기본적으로 다음과 같다. "넌 인종차별이 뭔지 잘 몰라서 불편해하지만 내가 말한 게 바로 이거야. 인종차별이 없을 거로 생각했던 네가 갑자기 뭔가를 깨달았군." 관객은 이 장면에서 두 사람 모두에게 호감을 느끼게 되고 크리스에게는 로즈라는 든

든한 아군이 있다고 느끼게 된다.

24

이 시점에서 관객은 본능적으로 어떤 일이 벌어지고 있다는 사실을 알수 있다. 40분 동안 지켜봤으니 이제 때가 됐다. 공포가 필요하다. 어떻게 보면 영화에서 가장 무서운 장면을 선사할 시점이다. 그래서 나는 "침잠의 방" 장면으로 막을 내리는 다음 장면을 위해 몇 가지 선택지를 만지작거렸다.

25

나는 "거기서 뭐 하는 거야? 왜 앉아 있어?"라고 묻는 청중을 만족시키려고 애를 쓰고 있다. 크리스가 느끼는 감정은 조지나와 월터가 너무 무서워서 우리가 있길 원하는 '안'이 더 안전하다는 거다. 내게 크리스가 최면술에 거부감이 있다는 사실은 중요하지만, 미시가 크리스보다 한 수위일 뿐 아니라 관객보다 한 수 위라는 점이 핵심이다.

26

캐서린 키너(미시)는 이 배역을 준비하는 과정에서 직접 최면을 경험했다. 그래서 우리는 그런 경험과 이 장면에서 캐서린이 활용할 수 있는 것에 대해 많은 이야기를 나눴다. 캐서린은 제대로 최면에 걸리기 위해 최면술사와의 관계를 확립하려면 양자 간 깊은 신뢰와 열린 마음이 필요하다는 사실을 배웠다. 그런 사실은 이 장면이 어떤 모습이어야 하는지, 그리고 내가 가장 좋아하는 장면인 "가라앉아"라고 말하기 전에 캐서린이 어느 정도의 공감을 보여줘야 하는지도 많이 배웠다. 하지만 그 전에, 미시는 유년기라는 크리스의 특정 시점과 크리스의 의식을 연결하고 있다. 미시는 어머니의 죽음을 둘러싼 크리스의 트라우마에 집중하고 그것을 이용하여 "침잠의 방"을 만든다는 사실을 알고 있다. 나는 역사적으로 흑인 사회에 그런 세계에 대한 불신이 있거나, 그런 형태의 지원을 받을 수 없었다는 사실을 알고 있다. 나는 여기서 짓궂은 연출을 했는데, 최면의 장점을 그리면서도 최면에 대한 사람들의 두려움도 확인해 주는 것이다.

27

"침잠의 방"은 마법의 주문이 아니다. 누군가의 정신을 조작하는 것이다. 크리스가 들어간 "침잠의 방" 입구가 텔레비전처럼 사각형인 데는 이유가 있다. 그건 크리스가 정체된 순간, 즉 유년기의 트라우마에 갇힌 순간이며, 바로 그곳에 가라앉는 것이다. 영화에서 관객은 실제로 볼 수 없지만 어린 크리스가 텔레비전을 볼 때 크리스 뒤의 이미지는 흑백의 수중 장면이며, 그래서 "침잠의 방"에서는 흐르는 물에서 슬로우모션으로 움직이는 듯한 모습이 보이는 것이다.

28

인정해야겠다. 이 장면은 내 예상보다 훨씬 더 상징적으로 마무리되었다. 나는 대니얼(크리스)이 정지 상태 즉, 움직일 수 없는 상황을 전달해야 한다는 사실을 알았고, 입을 다무는 것과는 다른 방식으로 눈을 뜨고 입을 여는 식으로 연기하게 했다. 입을 다무는 것은 으스스할 수 있더라도 크리스가 경험하는 공포가 전달되지 않았을 것이다. 나는 크리스가 마치 최악의 기억과 그에 따른 죄책감의 표상 속에 갇혀 있는 것으로 생각했다. 최악의 순간에 갇힌 거다. 누군가 렌즈를 통해 내 눈을 보는 것은 갑자기 거울을 쳐다보는 것과 같이 영혼을 찌르는 무언가가 있다. 하지만 이 장면이 상징적인 이미지가 된 이유 중 하나는 과거에 많이 본 장면이 아니기 때문이라고 생각한다. 그렇다. 우리는 영화와, 노예 이야기 같은 것에서는 확실히 많은 흑인의 고통과 괴로움을 보았지만, 현대 흑인의 공포를 본 적은 별로 없다.

29
잠에서 깨어나서 꿈을 꾼것처럼 보이게 하는 것은 거의 관객을 속이는 것처럼 생각됐다. 하지만 다른 한편으로는 "침잠의 방"에서 나오는 더없이 완벽한 티켓이었다. 만약 크리스가 깨어난 뒤에 자신이 겪은 일을 전부 기억해 내면, "당장 여길 뜨자!"라고 외칠 수밖에 없을 테니까. 결국 내가 싸구려 영화를 내놓는다는 느낌은 들지 않았다. 크리스로서는 "이게 도대체 무슨 일이지?"라는 생각이 들었지만, 꿈이든 현실이든 간에 어젯밤 트라우마와 마주했다는 사실을 받아들이게 된다. 그래서 새로운 영감과 심적인 평화를 얻게 된다.

30
크리스가 사진작가라는 설정은 처음에는 〈스텝포드 와이프〉의 캐서린

로스(조안나) 캐릭터에 대한 헌사로 생각했지만, 캐릭터를 계속 발전시키다 보니 특히 파티 장면에서 크리스의 완벽한 방어 기제가 되었다. 크리스는 대화 자리가 불편한 경우 "(사진을 좀 찍게) 그냥 이쪽으로 가보려고요"라고 얘기하고 자리를 뜬다. 크리스의 트라우마는 직업과도 관련이 있다. 어머니가 돌아가신 최악의 날에 멍하니 텔레비전을 봤던 누군가 시간을 정지시키고 수집하는 직업을 선택한 것은 일리가 있는 일이다. 나는 그것이 이런 중요한 순간에 크리스에게 특별한 힘이 된 것 같았다. 한 발짝 물러나 망원 렌즈를 통해 자세히 들여다볼 수 있는 능력 말이다. 심지어 애초에 내가 의도한 것은 아니지만 카메라 플래시로 안드레와 월터를 "침잠의 방"에서 꺼내는 장면에서도 이 능력이 활용된다. 영화를 만들면서 휴대폰 카메라가 어떻게 인종차별에 맞서 싸우는 데 중요한 도구가 되었는지 그 의미를 깨닫기도 했다. 그럭저럭 맞물려 조화를 이루었지만, 사진작가라는 직업은 흑인으로서 크리스의 안목과 관점이 특별한 힘이라는 생각과 연결되어 있다. 지각력이 뛰어나기 때문에 무언가 잘못되고 있다는 것을 알 수 있고, 그 모든 것을 포착한다. 그리고 이 모든 상황을 조합할 수 있는 능력이 있다. 크리스의 눈, 예술, 관점이 바로 크리스의 무기다.

31

아미티지 가족은 할아버지와 할머니가 이상하게 행동한다는 사실을 안다. 이 집의 하인 역할은 할아버지와 할머니가 좋아하는 일을 계속하기 위한 위장일 뿐이다. 할아버지는 정원사고 마당에서 운동하는 것을 좋아한다. 집안일을 하지 않는다면 딱히 할 일도 없다. 일을 하는 것은 또한 크리스 같은 '손님'이 접근하거나 말을 걸지 못하게 하는 효과도 있다. 어느 순간 나는 할아버지가 아들 딘에게 "말도 안 돼, 나 좀 내버려 둬.

내가 만들었으니 뭘 하는지 내가 알아"라고 말하는 모습을 상상해 보았다. 크리스가 할아버지에게 다가왔을 때가 그렇게 할 기회를 제공한다.

32

크리스는 자신에게 공감해 줄 사람을 찾는다. 그는 월터가 "그래, 네 말 맞아. 젠장, 여기 좀 이상해"라고 말해주길 원한다. 그런 말을 듣지 못한다는 사실 자체가 사회적으로 고립된 순간이다. 몇몇 사람을 제외하고는 어디에서건 흑인에게 다가가서 "지금 내가 느끼는 감정을 당신도 느끼시죠?"라고 물어볼 수 있고, 그러면 "네"라는 답이 돌아올 것이다. 이상하게도 여기서는 그런 상황이 다른 차원에서 작동하는데, 그 이유는 월터의 적대감이 경쟁심, 즉 이성에 대한 경쟁심으로 해석되기 때문이다. 월터가 보기에 로즈는 크리스가 지켜야 한다고 느끼는 트로피 같은 대상이다.

우리는 월터가 로즈를 두고 크리스와 경쟁한다는 크리스의 추정이 틀렸다는 걸 크리스 본인은 모른다는 걸 확실히 해야 했다. 로즈도 크리스의 우려를 일축하면서 상황의 심각성을 가볍게 여김으로써 관객을 자신의 편에 서게 만든다. 로즈라는 캐릭터는 계속 영화에서 중추적인 역할을 한다.

34

관객으로서는 "그래, 아버지에게 말해, 다 같이 모여서 얘기해"라고 생각할지라도, 로즈가 딘과 이야기하는 것을 막은 사람은 다름 아닌 크리스다. 크리스의 문화적 감수성에 따르면 월터의 행동을 일러바치는 것은 배신행위다. 그로 인해 어떤 일이 벌어질지 모르고, 사후에 그걸 다시 되돌려서 모든 게 정상인 것처럼 행동할 수는 없다. 이 영화의 흥미로운 한 가지 요소는 어떤 행동이 자기 영혼을 희생하는지에 대한 지속적이고 세부적인 분석이다. 물론 흑인 공동체에서 고자질은 여러 가지 이유로 안 좋은 단어다. 사람을 죽게 할 수 있고, 감옥에 보내 흑인 공동체에 해를 끼칠 수도 있다. 이 영화에서 내가 공포영화의 상식과 도덕성, 그리고 그

것이 흑인의 상식과 어떻게 다른지를 그려내려고 했던 것은 영화의 또 다른 매력이기도 하다.

35

이 파티 장면이 영화의 첫 번째 몽타주였고, 각본을 쓰면서 이 장면에 이르렀을 때 내가 직접 영화를 감독해야 한다는 것을 깨달았다. 이런 상호 작용이 왜 불편한지 이해하려면 흑인 감독이 꼭 필요하다는 걸 깨달았다. 어떤 면에서는 아웃사이더가 되어본 경험을 한 사람이면 누구나 어떤 필터를 통해 특정한 방식으로 상황을 전달하는 것이 가능할 수 있다. 하지만 이것은 아주, 아주 흑인만의 경험이고 대니얼(크리스) 자신도 공감한 경험이다. 유색인종은 이 장면을 어디선가 보고 들었다고 느꼈을 것이다. 백인이라고 해서 이 장면이 꼭 좋아 보이고 좋게 들린다고 생각하지 않는다. 종종 백인들로부터 받는 반응은 "세상에, 왜 이렇게 낯설지가 잊지? 내가 정말 이렇게 행동한다고?"와 같은 개인적인 두려움을 나타내는 반응이었다. 그리고 그것은 사람들에게 해방감을 주는 무언가가 있었다. 엄청난 타격이 아니라 긍정적인 깨달음이었을 수 있고, 둘 다일 수도 있다. 이 장면은 미묘한 형태의 미시적 공격에서부터 상상하기 어려울 정도의 가장 폭력적인 인종적 폭력까지 전체적인 그림을 제시하는 방식으로 이 영화의 주제를 보여준다.

36

크리스는 경매의 대상이다. 나중에 알게 되겠지만 손님들은 품평을 하고 크리스의 몸에 관심을 보이는 각자의 이유가 있다. 하지만 아이라 레빈이 쓴 소설에서는 괴물을 더 흔하고 더 친근하고 거의 편안한 것으로 위장한다.

37

흑인이 유행이다. 이 모든 것들, 이 모든 미시적 공격의 이유는 흑인이 유행하기 때문이다. 각본을 쓴 시기에 대통령은 오바마였다. 소수인종 우대 정책과 캔슬 컬처(소셜미디어에서 자신과 생각이 다른 사람에 대해 팔로우를 취소하는 문화-옮긴이) 같은 것들 때문에 2017년 미국에서 흑인이 되는 것이 백인이 되는 것보다 '더 낫다'라고 인식하는 사람들이 있는데, 이것이 바로 우리가 말하는 인종차별이다.

38

딘이 여러 사람과 이야기하다가 크리스를 가리키는 이 순간은 그가 딸이 흑인과 사귄다는 불편한 자부심을 느끼면서 크리스를 칭찬하고 있다는 것을 보여준다. 원치 않는 관심을 받는 것은 근본적인 두려움과 관련이 있다. 타자가 되는 것, 아웃사이더가 되는 것이다. 상대가 아무리 좋은 의도를 가졌더라도 불편한 경험이다.

39

여기에 안드레를 다시 등장시킴으로써 관객과 크리스의 편집증을 자극한 다음 약간의 안도감을 제공한다. 그런 다음 편집증을 더 자극하고 다시 안도감을 준다. 관객을 항상 불가피하고 끔찍한 결론에 가까워지게 하는 것은 바로 이런 식의 가스라이팅 효과다. 크리스는 궁극적으로 고립되어 있고, 따라서 안드레와의 만남이 마치 구명조끼를 얻는 것처럼 느껴질 것이다. 흑인들은 파티에서 인종차별 행사가 아니라는 것을 입증하기 위해 초대된 또 다른 흑인을 보면 다가가서 눈을 맞추고 서로 공감하는 것이 암묵적인 규칙이라는 사실을 안다. 고개를 끄덕이며 "제발 이게 얼마나 이상한지 당신도 안다고 말해줘요"라고 말하는 것이 바로 그것이다.

주석   **253**

40

안드레/로건은 홍보 차원에서 파티에 초대받았을 가능성이 크다. 이미 흑인의 몸을 얻었고, 잠재적인 구매자가 흑인의 신체를 구매했을 때 어떻게 작동하는지 볼 수 있도록 초대된 것이다. 여기에서 안드레/로건이 빙글빙글 돌며 의상을 뽐내며 순간이 있지만, 실제로는 신경 연결이 제대로 작동한다는 걸 보여준 것이다. 크리스가 보는 또 다른 차원에서는 흑인이 자발적으로 백인에게 인정받으려는 모습으로 볼 수 있다. 크리스는 "저 망할 놈이 백인들 앞에서 빙글빙글 돌았네. 뭔가 잘못됐어"라고 생각한다. 미국에서 흑인이라는 것만으로도 우리는 어떤 공통점이 있다.

41

크리스는 관객이 경험하는 상황을 그대로 경험하고 있다. 관객 뒤에 있거나 앞에 있지 않고 관객과 동일 선상에 있다. 이것이 이 영화의 성패를 좌우하는 요소다. 우리가 크리스와 함께하지 않는다면 우리는 정말 혼자다. 시각장애인 아트딜러라는 아이디어가 너무 과할 수도 있다고 생각했지만, 선을 크게 넘었다고 생각하지는 않는다. 이 캐릭터의 등장은 또 다른 잠재적 우군을 제시하는 것이었다. 우선 파티의 유일한 흑인 손님인 안드레를 잠재적 안전망 혹은 크리스의 상황에 공감할 사람으로 등장시켰지만 로건이 안드레라는 사실을 알게 되면 곧장 그런 생각은 사라진다. 그런 다음 다른 손님들이 보여준 편견이 없는 이 인물을 만나게 된다. 하지만 우리는 인종을 구별하기를 거부하는, 일명 '문화적 색맹'도 여전히 인종차별적인 특권이자 망각 행위라는 사실을 알고 있다.

42

크리스와 짐 허드슨은 예술가라는 점에서 일종의 영혼의 연결고리가 있다. 또한 짐 허드슨은 시각장애인이기 때문에 (사실과는 확실히 거리가 있지만) 무해하다는 장애인 차별주의적 추정도 있다. 우리는 짐 허드슨이 사진작가로 입지를 다지기 위해 고군분투했던 점을 통해 크리스에 대한 질투심을 자극하는데, 이를 통해 관객으로 하여금 짐 허드슨이 크리스와 어떤 관계를 맺는지, 그리고 크리스를 어떻게 이용할 수 있는지에 대해 생각하게 한다. 나중에 짐 허드슨은 크리스의 눈과, 크리스의 눈을 갖는 경우 크리스의 안목까지 가질 수 있다는 정신 나간 생각에 관해 이야기한다. 내 생각에는 짐 허드슨에게는 또 다른 야망도 있다. 바로 성공한 젊은 흑인 아티스트가 되고 싶다는 야망이다.

43

이제 관객은 누가 적인지 깨닫는다. 아버지도 아니고, 동생도 아니고, 어머니도 아니고, 조지나도 아니다. 전부 적이다. 크리스는 관객의 예상보다 더 고립되어 있다. 또한 이런 상황은 관객과 크리스의 관계 측면에서 이때까지 진행되어 온 방식과도 어긋난다. 갑자기 관객은 크리스보다 몇 발짝 앞서서 그가 보지 못하는 것들을 볼 수 있게 되었다. 주인공이 관객보다 뒤처지는 상황은 관객에게 좌절감을 줄 수 있지만, 대니얼은 워낙 훌륭한 배우이기 때문에 크리스라는 캐릭터는 여전히 영리하고 여전히 할 일을 하는 것처럼 보인다. 로드의 부추기는 역할이 필요한 이유가 여기에 있다. 로드는 기본적으로 크리스에게 단도직입적으로 이렇게 말한다. "웬만하면 백인들 믿지 마."

3막

44

조지나는 크리스가 도망칠 생각을 하기도 전에 연락할 수단을 차단했다. 개인적으로 이 장면에서는 영화 〈미저리〉 분위기가 느껴진다. 커다란 망치를 든 조지나가 상상이 된다.

45

로즈가 나오는 모든 장면은 내가 감독으로서 영화를 완전히 망칠 기회였다. 이 장면에서 로즈가 해야 할 일은 크리스에게 다 괜찮다고 설득하는 것이고, 관객의 신뢰를 잃지 않고서는 로즈가 그런 입장에 서게 하기란 거의 불가능하다. 나는 이것이 얼마나 힘든 일인지 다시 한번 강조하지 않을 수 없는데, 앞서 월터가 나오는 장면과 마찬가지로 내가 여기서 하는 일은 크리스가 잘못 알고 있다는 사실을 이용하는 것이다.

46

나는 로드가 없다면 불안정한 상황이 무너질 수 있다고 생각한다. 성패가 그에게 달려있다. 로드는 이 영화에서 관객에게 웃어도 괜찮다고 말한다. 긴장을 풀기 위해서는 웃음이 필요하니까.

47

이 장면은 각본상으로는 매우 단순한 장면이었지만, 이야기의 진행 방식을 보면 영화에서 가장 역동적인 장면 중 하나가 되어야 한다는 것을 알 수 있었다. 이런 연기가 없었다면, 광각렌즈로 가까이 다가가서 잠시 멈추는 리듬 혹은 순간을 포착하지 않았다면, 진행 속도 측면에서 늘어지는 것처럼 느껴질 수 있다. 관객은 이미 월터와 안드레와의 상호작용과 그 모든 것을 보았기 때문에 전부 바로 이 순간으로 귀결된다. 이 장면은 완전히 새로운 것을 보여준다. 관객이 보는 것은 조지나 속에 있는 여자가 빠져나오려고 애를 쓰는 장면이다. 이 영화에서 가장 큰 죄악은 우리가 진짜 조지나를 만나지 못한다는 것이다. 로즈와 함께 찍은 오래된 사진을 보고 나면 더더욱 조지나에 대해 애정을 갖게 될 거라는 걸 알기 때문이다. 나는 조지나를 로즈가 로맨틱하게 유혹했을 레즈비언으로도 보지만, 이 영화에서 조지나가 보여준 아름다움은 그녀가 "침잠의 방"과 싸운다는 사실이다. 이 순간 조지나는 크리스가 내면화한 무언가를 크리스에게 전달한다. 여러모로 조지나는 크리스의 어머니와 어머니의 눈물을 상징한다. 크리스의 어머니는 크리스에게 연락할 수 없었고, 곤경에 처했으며, 죽어가고 있었고, 크리스가 필요했다. 하지만 나는 둘 사이의 관계가 보여주는 아름다움은 조지나를 구해야 하는 크리스의 책임과 크리스를 구해야 하는 조지나의 책임 사이에서 줄타기하는 것으로 생각한다. 두 인물이 서로를 돕기 위한 여정에 있는 모습이 정말 아름답다. 조지나는 자신을 도와달라고 울부짖는 것이 아니라 크리스를 구하기 위해 애를 쓰고 있는 것이다.

48

아미티지가의 할머니가 조지나를 다시 밀어내려 한다. 여러번 "아뇨"라고 말하는 것은 본질적으로 할머니가 정신을 차리는 상황에서 벌어지는 작동 중단이나 오작동 같은 것이다. 따라서 "아뇨"는 다음의 두 가지 의미가 있다. 우선 크리스에게는 "걱정할 것 없다"라고 말하는 것이고, 다음으로 진짜 조지나에게 "침잠의 방으로 돌아가라"라고 말하는 것이다. 여기서 말하는 사람은 아미티지가의 할머니지만 눈물은 흘리는 사람은 조지나다.

49

모든 사람이 자신 쪽을 바라보고 있는 공간으로 걸어가는 크리스가 원치 않는 시선에 대한 두려움에 시달리는 모습을 보여주고 싶었다. 예상치 못하게 갑작스러운 관심을 받는 상황이다. 〈양들의 침묵〉에서 클라리스가 한니발 렉터의 감방을 처음 방문하는데 한니발이 서서 클라리스를 기다리고 있거나, 〈샤이닝〉에서 세발자전거를 타고 코너를 돌던 대니가 자신을 기다리는 쌍둥이와 마주치는 상황 말이다.

50

히로키는 다음과 같은 질문을 하고 있다. "흑인이 되는 것이 정말 더 좋나?" 누가 내게 했다면 너무 불편할 것 같은 질문이다. 그래서 자신에 대한 관심을 돌리고 로건에게도 도움을 주기 위해 크리스는 이렇게 말한다. "좋아요, 로건 씨가 대신 답해주실 수 있을 것 같은데." 극장에서 항상 웃음이 터지는 순간이었지만 나는 그럴 거라고는 예상하지 못했다.

51

"집안일이 저의 안식(처)"라는 말은 안드레/로건이 집에 남아 하인으로 있는 게 행복하다는 사실을 의미한다. 물론 안드레/로건 안에는 아내를 위해 집안일을 하는 것을 좋아하는 늙은 백인 남성이 있다. 이 몸에는 다른 조건이 작용하는데, 그건 바로 그렇게 해야만 하는 사람의 영혼이 노예가 되는 것이다.

52

이 순간 "침잠의 방"에 갇혀 있는 안드레와 관객은 동일 선상에 있다. 양쪽 다 그동안 무기력하게 지켜보고 있었고, 크리스에게 "어서, 어서 나가!"라고 소리치고 싶었다. 안드레도 조지나와 마찬가지로 자신이 희망이 없는 존재라는 사실을 안다. 그래서 "도와줘"라고 말하지 않는다. "나가, 나가, 나가라고"라고 말한다. 그래서 모든 것이 잘 맞아떨어졌다. 관객이 하고 싶은 말을 누군가가 하고 있다. 이 일은 몹시 혼란한 방식으로 벌어지지만 관객의 목소리를 대변한다.

53

나는 모든 이야기에 개연성을 최대한 제시하는 것을 좋아한다. 뇌 이식이라는 충격적인 이야기를 한다는 사실을 알지만, 섬광이 뇌에 영향을 미쳐 간질환자에게 발작을 일으킬 수 있다는 것은 상식이다. 이 큰 의미 없는 작은 사실이 이 모든 전제의 근거가 된다.

54

"경매할 시간이야. 로즈야, 넌 네가 할 일을 하렴"이라는 뜻이고, 폭죽이나 빙고 게임 모두 크리스와 로즈가 자리를 뜨는 데 아무 문제가 없을 정도로 재미없는 활동처럼 보인다. 둘 다 나이 든 백인들이나 즐기는 활동이다.

55

크리스는 자신이 거쳐야 할 단계를 하나도 놓치지 않고 밟고 있다. 아무 말도 하지 않았다고 해서 이 문제에 대해 깊이 생각하지 않았거나 관객의 인식을 따라잡지 못했다는 의미가 아니다. 이때 많은 영화가 결국에는 논리적인 설명이 있지 않을까 하는 생각을 하며 주인공에게 의심의

씨앗을 심을 것이다. 하지만 아니다. 크리스는 확신한다. 이 영화는 흑인 관객의 시험을 통과해야 했고, 나는 안드레에게 벌어진 일 이후에 크리스가 잘 속거나 순진하다는 인상을 풍기게 될까 봐 매우 우려가 되었다. 그 장면에서 벗어나서도 크리스가 진정되지 않았다는 사실을 아는 것은 큰 안도감을 준다. 그 대신, 크리스는 상황을 아무리 생각하고 또 생각해 봐도 상황이 정상적으로 돌아가지 않는다는 판단이 들었고, 마침내 떠날 준비가 되었다. 이제 탄력을 얻었다.

56

경매를 조용히 진행하면 더 강력한 순간을 만들 수 있다는 사실을 깨달 았을 때 큰 돌파구가 되었다. 나는 공포영화에서 백인이 흑인을 경매에 부치는 장면이 나온다는 아이디어 때문에 이 영화가 절대 만들어지지 않을 거로 생각했고, 그럼에도 만들어진다면 좋든 나쁘든 엄청난 반응을 불러일으킬 터였다.

57

일반적인 영화 구조에는 몽타주 2개가 들어간다는 글을 읽은 적이 있다. 하나는 영화의 3분의 1 정도에, 다른 하나는 3분의 2 정도에 나온다. 관객에게는 모멘텀이 필요하다. 그리고 전통적인 내러티브와 다른 형식으로 사물을 보는 것은 어떤 이유에서든 그런 과정에 도움이 된다. 애초에 나는 정형화되는 것을 원하지 않아 여기에 반대했지만 점점 더 많은 영화를 보고 다시 생각하게 됐다. 몽타주를 생각하면 록키의 훈련 시퀀스나 몰리 링월드(80년대 청춘 아이콘이었던 미국 배우-옮긴이)가 의상을 입어보는 장면을 생각하지만 몽타주는 기본적으로 시간을 응축하는 것을 의미한다.

58

크리스의 어머니를 둘러싼 트라우마는 내 내러티브에서 비장의 카드와도 같다. 다른 모든 것이 실패하더라도 크리스의 여정만큼 중요한 것은 없다. 그것이 바로 그가 카타르시스를 느끼고 고비를 넘길 수 있는 삶의 한 단면이다. 이 장면은 그런 카타르시스의 중요한 부분이다. 나는 이런 감동적인 순간을 연기하는 배우들의 연기가 정말 마음에 들었다. 촬영장에서 울기도 했다. 각본과 내러티브의 관점에서 올바른 방향으로 가기 위해 그저 심혈을 기울인 것이다. 이런 장면에서 얼마나 많이 고민하고 공을 들였는지 생각하면 놀랍다. 영화 전체가 여기에 달려있고 이 장면을 잘못 만들면 다른 것은 중요하지 않을 수도 있었다. 이 장면은 아슬아슬했다.

59

바로 여기서부터 로즈가 한통속일 수 있다는 점을 제시하려 했다. 나는 사실이 드러났을 때 관객이 즐길 수 있도록 진상을 살짝 엿보게 하는 것도 가치가 있다고 생각한다. 관객은 깜짝 놀라기보다 드러나기 '바로' 전에 진실을 알아내는 것을 좋아한다. 관객은 자신이 똑똑하다고 느끼는 것을 좋아하지만, 그럼에도 정보를 처리할 충분한 시간은 없고, "오 젠장! 잠깐 깜빡 넘어갔군"이라고 생각한다. 감독은 관객이 직접 상황을 파악할 기회를 줘야 한다.

60

진상이 드러나는 면에서 독특한 장면이고 우리가 어떻게 이 장면을 만들어 냈는지 다소 혼란스럽다. 왜 이 장면이 먹혔는지 설명하기도 어렵다. 상황을 확실히 밝히는 무언가를 넣는 것은 꽤 전형적인 영화 기법이다. 보통은 극장에 있는 모든 관객이 여기서 "오 젠장! 로즈는 악마야!"라고 깨닫는다. 이 영화에서 나는 "차 키를 줄 수 없다는 거 알면서 왜 그래"라는 대사가 나올 때까지 어떻게든 그런 깨달음의 순간을 미룰 수 있었다. 그건 정말 불가능해 보였다. 같은 사실을 두 번 밝힐 수는 없으니까. 하지만 이 순간 '이후' 관객이 크리스와 같은 선상에 있는 상태에서 영화가 전개되는 것이 내게 유리하다. 크리스는 이렇게 생각한다. "무슨 일이 벌어지는지 알 것 같지만, 일단 눈치챈 사실을 밝히면 끝장이기 때문에 아직 말하지 않겠어. 아미티지 가족이 정말 나를 죽이려 드는데 내가 로즈에게 혐의를 제기하는 순간 여기서 나가긴 글렀어." 크리스는 우선 자동차 같은 걸 이용해서 여기서 얼마나 멀리 벗어날 수 있는지 확인하려고 애쓴다. 관객 대부분은 크리스가 당장 도망가야 한다고 생각한다. 나는 크리스의 전략이 더 똑똑한 방법이라고 생각한다. 아미티지 가족이 크리스가 아는 것을 다 아는 것은 아니라는 점을 명심하라. 그게 크리스의 힘이다. 우리는 이런 회색 영역으로 들어감으로써 관객에게 영화가 어떻게 전개될지에 대한 불확실성을 줄 수 있다. 내가 예상하지 못한 다른 게 있을까? 그래서 진상이 드러나는 장면은 두 단계로 진행된다. 첫 번째는 "오 젠장! 로즈는 악마야"라고 깨닫는 순간이다. 두 번째는 "젠장, 로즈는 내내 본심을 숨기고 있었어." 관객은 드디어 진짜 로즈를 만났고 완전히 다른 사람이다. 로즈 배역의 앨리슨은 연기로 이걸 소화해 낸다.

61

이 순간은 영화에서 연출하기 가장 어려운 장면이었다. 모든 배우의 연기 장면이 들어가고 잘못하면 매우 인위적으로 느껴질 수 있었다. 이 갑작스러운 순간에서는 각자가 자신에게 주어진 연기를 체스를 두듯 정확히 해야한다. 제레미는 문을 막고 있고, 로즈는 열쇠를 찾고 있으며, 미시는 찻잔을 들고 있다. 다들 공격 전의 사무라이처럼 조심스럽게 움직일 뿐이다.

62

이제 딘이 끼어든다. 그는 주변에서 일어나는 일에 전혀 신경도 쓰지 않는다. 그저 자신만의 장광설을 시작할 작정이다. 나는 딘이 항상 이렇게 한다고 생각하고 싶다. 딘은 일을 벌이기 전 자신의 영성에 대해 거들먹거리며 말하고, 희생자들이 자기 말을 듣기를 원한다. 이 과정에서 흑인들은 명예로운 구성 요소로 간주된다. 이런 게 배경에 깔려있다. 딘은 이상하게 뒤틀린 백인의 죄책감 때문에 이 아름다운 과정에서 크리스가 얼마나 중요한지 크리스에게 알려주고 있다. 딘은 이렇게 말하고 있다. "널 열등하다고 생각하는 게 아니라 내가 너보다 우월하다고 생각하는 거란다." 나는 딘이 스스로 인종차별주의자가 아니라고 정당하게 믿기를 원했다.

63

크리스의 머릿속 약 1퍼센트에는 아직도 로즈가 좋은 사람이라는 생각이 남아있고, 그래서 그는 "가자, 가자고. 지금이 바로 그때야. 자기 말해봐, 다른 모든 정신 나간 일들은 어떡하냐고? 난 상관없어. 누군가 날 속였을 때 내 마음을 아프게 할 사람은 너뿐이야." 나는 대니얼(크리스)과 영화 〈도니 브라스코〉의 한 장면에 관해 얘기를 나눴다. 알 파치노가 조니 뎁과 차에 앉아 있는데, 알 파치노가 연기한 인물은 조니 뎁이 맡은 인물이 경찰이라는 것을 안다는 사실을 쉽게 알 수 있다. 하지만 알 파치노는 조니 뎁의 신분을 보증하고 그가 범죄 집단의 한심한 연결고리니까 잠시 더 그 환상을 붙들고 있다. 왜냐하면 진실을 알았을 때 자신은 망했고 아마 죽을 수도 있다는 것을 알고 있기 때문이다. 그게 바로 이 영화에서 내게 필요한 장면이다. "네가 내가 아는 로즈가 아니더라도 계속 내가 아는 로즈인 것처럼 말할 거야." 비록 로즈가 빌런이라는 사실을 99퍼센트 확신하더라도, 크리스가 사랑하는 누군가를 버리지 않을 것이라는 느낌이 있다. 크리스는 도주를 실행하기 전에 확인이 필요하다. 로즈가 이렇게 말해주길 원한다. "미안해. 엄마가 내게 최면을 걸었고 흑인 남자들은 진짜 남자친구였어. 우리 가족이 왜 이렇게 된 건지 모르겠어." 만약 로즈의 말이 충분히 설득력이 있다면, 크리스는 아미티지 가족으로부터 로즈를 구하지 않고 버리고 가는 것을 주저할지도 모른다.

64

이 장면이 가장 눈에 띄는 측면 중 하나는 영화가 백인 구세주라는 뻔한 설정에 의존한다는 선입견에 도전한다는 점이라고 생각한다. 그럴 수는 없다. 마치 관객들이 이렇게 생각하는 것과 같다. "로즈가 악당인 게 좋지 않을까? 그게 가장 말이 되잖아. 하지만 그렇게 하지 않을 거야. 왜냐하면 누구도 그런 영화를 만들 수는 없거든." 그리고 그런 영화가 만들어졌을 때, 영화에서 항상 선한 백인 한 명은 있다는 잘못된 생각을 없애버린 것과 같다. 나는 백인 구세주라는 뻔한 설정을 인종차별적 개념으로 생각한다. 백인 구세주 설정은 특히 인종을 다루는 영화를 보는 백인들에게 위안의 원천이다. 그건 너무 짜증 난다. 인종차별을 목격하고 있는 상황에서조차 이런 말이 들리는 거다. "아냐, 그 사람은 인종차별주의자가 아니라고." 하지만 실제 삶은 공포영화에 가깝다.

65

관객은 긴 시간 크리스가 떠나는 장면을 기다려왔지만, 아직 때가 오지 않았다. 아미티지 가족이 한발 앞서 있다. 영화 초반의 최면 장면은 무엇보다 이 순간을 위한 설정이다. 크리스의 도주를 중단시키는 것 말이다. 비록 실패로 돌아갔지만 관객은 이제 크리스가 도망쳐야 한다는 걸 안다는 사실에 안도감을 느낀다. 짜증 나긴 하지만 너무 오랫동안 "가, 가자, 가자고"라고 속으로 외쳤으니까. 스크린만 보고 소리만 질렀을 뿐 크리스가 듣지 못했는데 이제 그런 일은 끝났다.

66

크리스는 로즈가 가장 좋아한 사람도 아니었다. 로즈는 괴물이다. 너무 괴물 같아서 혐오스럽지조차 않은데, 완전한 한니발 렉터 스타일의 교활한 악마에게도 혐오를 넘어서는 무언가가 있다.

67

사람은 쿨한 사람에게 끌린다. 그들은 상대가 쿨하지 못하다는 사실을 깨닫자마자 등을 돌린다. 아니면 너무 쿨하지 못해 일을 망치는 경우도 있다. 하지만 쿨한 캐릭터는 영감을 준다.

68

이 지점이 대부분의 영화에서 관객이 다음과 같은 생각을 자동으로 하는 데 익숙한 지점이다. "좋아, 영화의 주제가 뭔지 알겠어. 재밌는 장면은 다 봤고, 대단원의 피날레에 도달하기까지 본질적으로 시간을 끄는군." 하지만 만약 3막이 최고의 막이라면, 영화를 거부할 수 없다.

69

이곳은 아미티지 부부의 게임룸이고, 적어도 내가 각본에서 그런 이름을 붙였다. 딘이 게임을 좋아한다는 말을 한 적이 있는데, 이 모든 일의 배후에 게임이나 스포츠가 있을지도 모른다는 것을 암시하는 거짓 신호다. 나는 편안한 물건이 불편한 방식으로 크리스를 에워싸서 이 게임룸에서 의료 시술을 앞두고 있다는 점이 바로 드러나지 않을 것 같은 느낌이 들게 하고 싶었다. 나는 늘 이상적인 장르 혹은 하위 장르 반전 영화가 매드 사이언스를 다룰 것이라고 생각했다. 이 영화에서는 그것이 마녀, 최면, 심지어 로봇이라고 관객이 믿게 만들 테지만, 결국은 오래되고 친숙한 프랑켄슈타인 같은 게 될 터다.

70

"수사슴buck"이라는 단어는 힘 좋은 남성 노예를 의미하기도 한다.

71

"코아글라"라는 이름은 성전 기사단의 바포멧 신에 대한 글에서 따왔다. 거기에는 거룩한 것과 신성한 것과 인간적인 것을 한데 모은다는 생각 과, 이 악마가 연금술적이고 본질적으로 비기독교적인 변용이라는 생각 을 상징한다. 살은 거룩한 자와 하나 되고, 납은 금이 된다.

72

나는 이 추세를 이어가길 원했다. 로드가 마침내 경찰과 아미티지 가족 의 광기에 관해 이야기하고 있으니 이야기가 바른 방향으로 진행된다는 느낌이 든다.

73

공포영화에서 경찰에 신고하는 행위는 아무 의미가 없다는 사실을 지적하고 싶었다. 공포영화에나 나올 이야기를 경찰에 해봐야 구해 주지 않는다. 그러니 근거를 대라. 현실을 받아들여라. 현실로 느껴질 때만 무섭다. 경찰이 "알았어요, 맞아요. 코트 가져올게요. 어디로 가죠?"라고 말하는 상황은 나쁜 영화의 진부한 장면 연출이다. 나는 영화 〈샤이닝〉에서 딕 할로란이 도끼로 살해되는 순간이나 〈미저리〉에서 경찰서장이 총에 맞을 때처럼 이야기의 흐름이 갑자기 중단되길 원했다. 언급한 두 영화의 장면과, 〈겟 아웃〉의 이 장면은 모두 주인공의 목숨을 지킬 책임이 주인공 자신에게 있다는 사실을 관객이 깨닫게 한다.

74

로즈가 로드의 기세를 꺾으려는 장면은 〈샤이닝〉에서 홀로랜의 심장에 도끼가 꽂히는 유명한 장면과도 같다. 이제 관객은 처음으로 진짜 로즈와 만나게 된다. 나는 늘 앨리슨에게 로즈가 벌레라고 했다. 로즈는 캐릭터를 담는 빈 그릇이다. 이때 나는 과감하게 표정이 없고 목소리에도 변화가 없는 백지상태처럼 연기해 보라고 했고, 앨리슨이 멋지게 해냈다.

75

로즈는 꾸며낸 거짓말을 하면서 로드가 얼마나 많이 아는지 따져보고 있다. 궁극적으로 로즈가 로드를 유혹하기 시작한 것은 위기 상황을 인식하고 있다는 뜻이다. 로즈는 로드가 대화를 녹음하고 있을지도 모른다는 사실을 알고 두 사람의 부적절한 관계를 기록에 남기기 시작했다. 이 때문에 로드는 불편하고 심지어 자신도 로즈에게 호감이 있다는 약점을 드러낸 적도 있다. 로드도 로즈의 먹잇감이 되었다.

4막

76

크리스가 짐 허드슨에게 "왜 흑인들을...?"이라고 물었을 때 짐 허드슨의 반응은 질문에 대한 답이 줄곧 관객에게 제시되어 왔다는 사실을 말해주기 위한 것이다. 파티 장면이 답을 말해주고 있었다. 한 남자는 흑인이 유행이라고 말한다. 다른 여자는 남편의 성적 능력이 좋기를 원한다. 어떤 이는 타이거 우즈가 되고 싶다. 그 모든 게 이런 말을 하려는 거였다. "내가 이유를 보여줬지만, 나로서는, 나 짐 허드슨은 그딴 거에 관심 없어, 내가 추구하는 건 영혼을 빼앗는 거지."

77

이 과정에 대한 일반적인 이해는 이러한 장면에 긍정적인 영향을 미친다. 나는 나름의 이유를 찾아냈다. 최면은 사람을 진정시키고 취약한 상태로 만드는 데 사용된다. 이때부터 영화는 매드 사이언스로 전환되며, 우리는 이론적으로 뇌 이식 수술이 가능하다는 사실을 알고 있다. 따라서 영화는 다시 한번 미친 세상으로 향하는 동시에 보다 현실적인 방향으로 전환한다.

78

"색맹"이라는 용어를 사용하는 사람 다수와 마찬가지로 짐 허드슨은 "색맹"(여기서는 색을 볼 수 없다기보다는 색의 차이를 인지하지 못하는 사람)이 존재하지 않는다는 것을 이해하지 못한다. 그건 진짜가 아니다. 짐 허드슨은 이 일이 인종적 폭력이 아니라고 진짜로 믿는다. 짐 허드슨의 입장에서 이 일은 다른 것이다. 명예다. 크리스는 존중받아야 하고, 자신은 확실히 인종차별주의자가 아니다. 크리스가 인종 얘기를 꺼내는 건 미친 짓이다. 짐 허드슨은 "너는 왜 그걸 인종적인 문제로 만들어야만 하는가?"라는 전형적인 편향을 보여준다.

79

공포영화의 규칙이나 논리에 따르면 크리스가 두 번에 걸쳐 제레미를 가격한 것은 제레미가 죽었다는 것을 의미하므로 관객은 다른 정황이 없는

한 그런 점을 받아들인다.

80

나는 이 장면부터 크리스가 뭔가 제대로 할 때마다 관객이 긴장을 풀 수 있을 만큼 그전까지 충분히 긴장을 조성했다고 느꼈다. 영화 제목이 〈겟 아웃〉이고 우리는 크리스가 "겟 아웃"하는 걸 볼 예정이다. 그동안 참아 온 것에 대한 보상이 될 것이다.

81

모든 인물의 이야기가 시적인 방식으로 마무리되는 것이 중요하다. 그래서 조지나, 혹은 아미티지가의 할머니가 그곳에서 뜨개질하고 있다. 여전히 실체가 명확하지 않지만, 똑똑한 관객은 알아낼 수 있을 것이다. 그러다가 크리스는 미시와 마주쳐 다음 시험을 보게 된다. 미시의 무기, 즉 찻잔이 보이자 크리스는 찻잔을 깨트려 버린다. 박수. 바로 그거다. 때때로 영화는 힘든 상황을 아주 신나게 보여준다. 하지만 관객은 그저 주인공이 이기는 장면을 보고 싶어 할 때도 있다. 몇 가지 위기가 닥치지만 그것은 크리스의 기세를 꺾지 못한다. 대니얼과 캐서린 사이에 거의 무언의 소통이 이루어지는 이 멋진 순간은 이 영화의 가장 친밀한 순간 중 하나다. 최면술 때문에 미시는 크리스에 대해 알고 있고, 그래서 이 장면은 멋지고, 무겁고, 원초적이지만 간단한 순간은 아니다.

82

크리스는 영화 내내 절제력을 보여왔다. 그는 다른 사람의 마음이 편하도록 자신이 잘 드러나지 않게 행동했다. 마침내 문 앞에 이르러 탈출할 기회가 왔을 때 크리스는 자신의 앞을 가로막는 모든 사람과 장벽을 물리적으로 제압하여 무너뜨려야 한다. 그렇기 때문에 제레미를 제거하기 위해 전심전력을 다해 제압한다. 그래서 악당의 죽음과 영화의 절정이 극도의 카타르시스를 선사한다. 특히 이 순간 크리스가 반격하는 대신 제레미에게 목이 조이는 것을 허용한다는 점이 그걸 효과적으로 보여준다. 크리스는 제레미의 "몇 수 앞서기"라는 논리를 이용해 게임에서 제레미를 이긴다. 그래서 자신이 제레미보다 강할 뿐 아니라 더 똑똑하다는 사실을 보여준다.

83

로즈는 가장 친숙하지만 실체를 전혀 알지 못하는 캐릭터다. 캐릭터에 대해 알게 되는 사소한 것 하나하나가 모두 놀랍다. 이 장면은 성장이 멈추거나 더뎌진 사람을 묘사하고 있다. 로즈는 오래전 성장 궤도에서 벗어나서 어렸을 때 좋아한 것에 아직도 빠져있다. 영화 〈더티 댄싱〉에 나오는 음악을 듣고 아이들이 좋아하는 시리얼을 먹는 모습이 그걸 보여준다. 벽에는 포스터가 붙어있고 동물 인형도 있다. 나는 로즈를 걷잡을 수 없는 캐릭터로 만들려고 했고, 물론 로즈는 다음 희생자를 찾고 있다.

84

이제 갈림길에 다다랐다. 관객은 모두 크리스가 차를 타고 계속 도망가기를 원하지만 나는 그렇게 할 수가 없다. 월터와 조지나가 로즈의 조부모라는 사실을 밝히고, 조지나와 크리스의 어머니 사이의 관계를 확실히 보여주기 위해서다. 그래서 나는 과거 회상 장면에서 대니얼이 관객의 우려를 말하게 했다. "아니, 그냥 가, 그냥 가란 말이야." 관객은 그저 자신의 의견이 받아들여지고 표현되기를 원할 뿐이다. 꼭 관객이 원하는 방식대로 될 필요는 없다. 단지 자신들의 목소리가 전달되고 있다는 사실만 알면 된다.

85

이 여정에는 크리스에게 매우 위험한 부분과 치유가 되는 부분이 있는데, 이 치유는 크리스가 어느 정도 억제한 것이었다. 크리스는 어머니와 자신의 과거를 둘러싼 모든 사건을 억눌러 왔기 때문에 그동안 무슨 일이 있었는지 깨달을수록 자신의 과거를 다루는 데 더 가까워진다. 이런 상황은 크리스가 조지나를 구하기 위해 돌아가는 순간에 절정에 달한다. 조지나가 크리스가 모는 차에 치여 쓰러져 있을 때, 모두가 원하는 대로 크리스가 조지나를 두고 가버릴지를 결정을 할 바로 그 순간 말이다. 크리스는 차로 친 여성이 진짜 조지나가 아니라는 사실을 어느 정도 알 수도 있고, 그때 내면의 문제를 해결하기 위한 선택을 한다. 조지나가 살았는지, 죽었는지, 죽다 살아났는지를 모른 채 쓰러진 조지나를 그대로 두면 영혼의 트라우마와 고문에서 결코 자유롭지 못할 것이라는 판단을 내린 것이다.

86

월터가 로즈보다 한발 앞서 있고, 관객은 너무 오랫동안 그 반대의 상황에 처했기 때문에 우리 편이 악당보다 앞서 있을 때마다 큰 박수를 보낸다. 특히 로즈보다 앞선 사람은 월터가 처음이자 유일했고, 그에게는 개인적인 복수이기도 하다. 로즈는 자신을 납치한 여자이기 때문에 월터는 오랫동안 자신이 어떻게 할지 알고 있었을 것이다.

87

크리스는 화와 맹렬한 분노 또는 미래의 자기 보호 가능성 때문에 로즈를 죽일지 말지 다시 결정해야 하는 상황에 직면한다. 하지만 궁극적으로 인간성의 일부를 지키기 위한 선택을 한다. 영화에서 크리스는 살인하지만 분노에서 비롯된 것이 아니라 생존을 위한 살인만 한다. 나는 생존을 위한 폭력과 인종차별에 대한 분노나 증오로 비롯된 폭력을 문화적으로 구분하고 싶었다. 마치 완벽한 아이러니처럼 크리스는 두 마리 토끼를 잡는다. 로즈에게서 벗어나는 동시에 자신의 영혼이 파괴되는 것을 막은 것이다. 기억 속의 어린아이를 지키면서도 피를 흘리는 로즈를 길에 내버려 둠으로써 궁극적으로 로즈의 생사를 신이 결정하도록 하는, 완벽한 정의를 실현한 것이다. 크리스가 자기 손으로 로즈를 죽이면 이 게임의 승자는 로즈가 되고, 크리스는 로즈의 얼굴에서 그것을 본다. 로즈로서는 크리스를 악마로 만드는 것이 목표다. 로즈는 크리스를 싫어한다. 그냥 싫다. 로즈는 아마 아무 이유 없이 크리스를 미워하는 유일한 캐릭터고, 여기서 로즈가 자신이 결국 이겼다는 듯한 표정은 오히려 크리스에게 진정한 카타르시스를 안겨주며 이런 생각을 하게 만든다. "엄마라면 지금 이 순간 내게 어떤 조언을 해줄까?" 아마 그냥 자리를 뜨라고 했을 것이다. 그래서 크리스는 어머니가 남겨진 것처럼 로즈를 떠난다. 인간성을 지키고 기억 속 어린 자신을 그 자리에서 지킨 것이다. 로즈는 그런 상황이 싫다.

88

그리고 경찰이 도착한다. 관객 모두 "영화가 어떻게 끝날지 알겠다"라고 생각한다. 이 순간이 중요한 이유는, 관객이 감독이 헛소리한다고 지적하건 말건 간에, 이때 "만약의 상황"에 대해 생각하기 시작하면 관객 전부가 그 결과로 누군가가 총에 맞을 위험이 있다는 점을 인정한다. 그 경우 이 모든 부조리한 상황을 담은 영화가 너무도 현실에 근거한 부조리로 막을 내린다는 뜻이다. 그것은 주인공이 하지 않은 다른 모든 선택이 더 이상 미친 짓이 아니라는 것을 보여준다. 관객은 내가 내린 결정을 받아들이든 말든, 뇌 이식이나 최면술을 우스꽝스럽고 환상적인 것으로 여기든 말든 간에, 경찰차의 등장이 크리스의 삶에 진짜 위협이 된다는 것을 인정해야 한다. 어쩌면 다른 결정들이 결국 그렇게 무리한 것이었는지 다시 돌아보고 재평가하게 될 수도 있다.

89

각본 초안에서는 경찰이 등장하고 크리스가 체포되어 감옥에 간다. 크리스는 자유를 잃지만 영혼을 지킨다. 즉 자신이 무언가를 했다는 사실에 다시 일어선다. 이 결말은 영화의 첫 부분이 사람들에게 탈출구가 필요하게 만드는 데 얼마나 효과적이었는지에 따라 결정된 것이다. 관객은 크리스가 "겟 아웃" 해야 한다고 생각했고, 그렇게 하는 것이 옳은 방법이라는 것이 분명해졌다. 그리고 다행히도 크리스는 "겟 아웃"했다.

삭제 장면

EXT. 교외 집 앞 잔디밭 – 해 질 녘

반딧불이가 모여든다. 그 뒤로 커다란 창문이 있고 하얀색의 고급 주택에 초점이 맞춰진다. 창문 너머로 쇼SHAW 가족이 앉아 있다. 백인이고 따뜻한 인상의 리처드(34세), 낸시(30세), 조슈아(6세), 메이(4세)가 저녁을 먹고 있다. 태블릿으로 무언가를 읽는 리처드의 얼굴이 밝게 비친다.

조슈아: 우리 디즈니월드에 가는 거예요, 디즈니랜드에 가는 거예요?

리처드: 올랜도에 갈 거야.

낸시: 디즈니월드 말이야.

조슈아: 토니가 미키 마우스가 진짜 미키 마우스가 아니고 다른 사람이라고 얘기했어요. 정말인가요?

리처드: 미키는 미키야.

EXT. 교외 거리 – 해 질 녘

30세의 흑인 남성 안드레가 운동복 차림으로 인도에서 뛰어간다. 안드레는 쇼의 집 앞에서 숨을 고르기 위해 멈춘다. 그러고는 집 안을 들여다본다. 쇼 부부는 평범하고 즐거워 보인다. 안드레는 미소를 짓는다.

동작 감지 보안등이 잔디밭을 비춘다.

INT. 쇼의 집 – 주방 – 해 질 녘

리처드가 식탁에서 고개를 들어 안드레가 서 있는 모습을 본다. 나머지 가족은 눈치채지 못한다. 낸시는 의자에서 꼼지락거리는 메이를 돌본다. 리처드는 조심히 안드레를 지켜본다.

조슈아: 미키 마우스는 한 명뿐이죠?

리처드: 맞아.

조슈아: 토니가 요리사 미키 마우스를 봤다고 했거든요.

리처드: 요리하려고 옷을 갈아입었겠지.

EXT. 교외 거리 – 해 질 녘

안드레가 걸어간다. 점점 어두워지고 있다. 안드레가 갑자기 혼자가 되었다.

차량 유리를 선팅한 빈티지 크림색 포르쉐 박스터가 안드레의 뒤편 도로에서 천천히 이동하고 있다. 안드레를 미행한다.

INT. 스포츠카 – 해 질 녘

안드레를 바라보는 운전자의 시선. 운전자의 숨소리가 마치 커피 캔에 담길 듯 깊고 가늘게 울려 퍼진다. 백미러에 빨간 십자가가 매달려 있다. 카오디오에서는 영어로 녹음된 프랑스어 강의가 들린다.

카오디오: *Pardon me. Where is the nearest restaurant? Pardonnez-moi. Ou est le restaurant le plus proche?*

운전자는 따라 하지 않고 듣기만 한다.

EXT. 교외 거리 – 해 질 녘

안드레는 미행당한다고 느끼고 신발 끈을 묶기 위해 멈춘다. 차도 멈춘다. 안드레가 알아챈다. 안드레는 차 안에 보이지 않는 운전자를 향해 손을 흔든다. 아무런 반응이 없다. 엔진 소리만 들릴 뿐이다.

안드레는 다시 걷기 시작한다. 차가 천천히 따라간다. 안드레가 다시 멈춘다. 차도 멈춘다. 안드레가 차 앞 유리를 들여다보지만 선팅 때문에 아무것도 보이지 않는다.

안드레: 안녕하세요. 무슨 일이죠?

응답이 없다.

안드레: 저 여기 처음이에요. 방금 이사 왔어요... 에버그린에... 저기요, 제가 뭐―

INT. 스포츠카 – 해 질 녘

운전자의 시점. 안드레는 차 밖에서 계속 말한다.

카오디오: *Can you show me the nearest bathroom? Pouvez-vous me montrer la salle de bain la plus prouche?*

EXT. 교외 거리 – 해 질 녘

안드레는 운전자로부터 아무런 대답을 못 듣는다.

안드레 (숨을 몰아쉬며): 씨발, 도대체 무슨 일이지.

안드레가 걷기 시작한다. 차가 안드레 옆으로 따라간다. 안드레는 몇 걸음 걷다가 다시 멈춘다. 다시 차가 멈춘다.

안드레: 잠깐만. 내가 아는 사람 맞지? 지금 장난해? …이봐.

응답이 없다. 안드레는 운전자가 친구가 아니라는 것을 깨닫는다.

안드레: 절 아신다면 제가 변호사인 것도 아실 텐데요, 이건 스토킹과 괴롭힘으로 간주할 수 있어요. 전 더 사소한 일로도 사람들을 감옥에 보낸 적이 있어요. 게다가 당신은 흉기가 될 수 있는 걸 타고 있으니 중범죄로 간주할 수도 있어요.

응답이 없다.

안드레: 뭐라도 말을 해봐요. 뭐라도?!?

응답이 없다. 안드레는 반대 방향으로 걷기 시작한다. 차가 멈추고 후진하면서 안드레를 따라 후진한다.

안드레(혼잣말로): 그러지 마. 놈이 날 덮치게 할 순 없지.

몇 걸음을 더 걸은 후.

안드레: 젠장.

지친 안드레가 멈춘다. 그러고는 조수석 쪽 차창으로 다가가 창문을 두드린다.

안드레: 이봐요, 전 브루클린 출신이에요. 뭘 하고 싶으면 해보자고요. 준비됐으니까.

안드레가 창문을 세 번 세게 두드린다.

안드레: 야!!! 너한테 말하고 있잖아!!!

차의 조수석 창문이 내려간다.

카오디오: *Can you help me find a hotel? Pouvez-vous m'aider a trouver mon hotel?*

안드레의 표정이 분노에서 공포로 바뀐다. 운전자는 은색 총탄처럼 윗부분이 둥근 금속 헬멧을 쓰고 있다. 헬멧에는 직사각형의 비스듬한 눈 구멍이 있다.

안드레: 젠장.

운전자가 소음기가 달린 총을 든다. 안드레가 도망치려 하지만 뒤에서 쏜 총에 맞는다. 깜짝 놀란 안드레는 숲이 집을 향해 비틀거리며 걷다가

앞마당에 쓰러진다. 안드레의 등에 다트가 박혀있다. 보안등이 다시 산
디밭을 비춘다. 안드레는 쇼의 집 외벽 밖으로 튀어나온 창문을 올려다
본다.

안드레(들릴 듯 말 듯): 도와줘요.

INT. 쇼의 집 – 주방 – 해 질 녘

안드레가 앞마당에 쓰러져 있는 동안 쇼 가족은 밥을 먹는다. 태블릿을

보는 데 정신이 팔린 리처드가 이번에는 눈치채지 못한다.

조슈아: 토니가 미키 마우스 얼굴이 안 움직인다고 했어요.

리처드: 미키는 항상 행복하니까 그래.

조슈아: 왜요?

리처드: 100년 동안 나이를 먹지 않았으니까.

낸시가 웃는다.

EXT. 쇼의 앞 잔디밭 – 해 질 녘

운전자가 차에서 내린다. 운전자는 드라이빙 재킷과 가죽 장갑을 착용하고 있다.

안드레는 주위의 모든 것이 흐려지는 가운데 몸을 끌고 집 쪽으로 간다. 운전자가 차분히 다가온다.

카오디오(차 안에서): *Can you please call the police? Pouvez-vous s'il vous plait appelez la police?*

INT. 쇼의 집 – 주방 – 해 질 녘

운전자가 안드레를 들어 차로 옮긴다.

조슈아: 심바(〈라이언 킹〉의 주인공-옮긴이)도 보고 싶어요.

리처드: 곧 올 거야.

낸시: 브로콜리 먹어, 애야.

EXT. 교외 거리 – 해 질 녘

운전자가 안드레를 패드가 깔린 트렁크에 싣고 차를 몰고 떠난다.

51쪽 삭제 장면

로즈: 그리고 우리 엄마는 이드리스 엘바(영국 흑인 배우-옮긴이) 좋아해.

크리스: 오, 그걸 왜 이제 말해?

크리스는 로즈를 껴안는다. 그러고는 볼에 키스한다. 로즈는 휴대폰을 들고 두 사람의 셀카를 찍는다.

크리스: 오, 기습 공격!

로즈(웃으며): 하지 마!

두 사람은 장난스럽게 데굴데굴 구른다.

INT. 도시 아파트 – 거실 – 낮

크리스와 로즈가 막 떠나려고 현관문 옆에 서 있다. 로즈는 시드와 뽀뽀한다.

로드(시드에게): 안녕, 시드.

두 사람은 막 떠나려다가 마지막 순간에 시드가 심심할까 봐 TV를 켜러 간다. 크리스는 시드의 머리를 잠깐 쓰다듬는다.

크리스(시드에게): 로드가 금방 올 거야. 사랑해.

두 사람은 떠난다. 시드는 흑인연합대학기금 광고를 본다.

TV광고(V.O): 흑인연합대학기금. 마음을 낭비하는 건 끔찍한 일이죠.

51쪽 삭제 장면

로즈가 콧노래를 부른다. 조수석에 앉은 크리스가 카메라로 지나가는 나무를 본다. 그러고는 연습 삼아 촬영한다. 크리스는 차 바닥에서 패스트푸드 포장지를 집어 뒷좌석에 던져 넣는다.

크리스: 병원에서 널 받아준 게 믿기질 않아.

로즈: 일할 때는 위생적으로 해.

크리스: 얼마나 됐어?

로즈: 여기 온 지? 모르겠어. 몇 년? 아버지가 여기서 성장하셨어. 매년 여름에 할아버지, 할머니 뵈러 올라가곤 했지. 조부모님이 돌아가신 후 부모님이 이리로 옮기셨어.

72쪽 삭제 장면

INT. 아미티지 하우스 2층 복도 - 낮

로즈와 크리스는 가방을 들고 위층으로 올라간다.

INT. 아미티지 하우스 - 로즈의 방 - 낮

로즈의 오래된 방은 사자 인형, 발레리나, 오르골 등 어린 소녀와 반항적인 10대의 분위기가 교차하는 곳이다. 창문으로 집 앞 잔디밭이 내려다보인다. 로즈와 크리스는 가방을 내려놓는다. 로즈는 짐을 풀기 시작한다.

로즈: 이렇게 깨끗했던 적은 없었어.

크리스: 아, 그렇군. 크리스가 옷장에 붙어있는 사진 몇 장을 본다.

로즈: 그래서...

크리스: 뭐? 오, 멋지네.

로즈: 말했잖아.

크리스는 로즈가 고등학교 시절 연극 〈크루시블〉 무대에 서서 찍은 사진을 본다.

크리스: 잠깐, 잠깐, 잠깐, 잠깐. 이게 너야?

로즈: 어디서 찾았어? 그 사진은 싫은데.

로즈는 사진을 빼앗아 옷장에 넣는다.

크리스: 어렸을 때 연극을 좋아한 건 몰랐어.

로즈: 넌 나에 대해 모르는 게 많아.

크리스: 정말?

로즈가 크리스의 허리띠를 잡고 침대 위로 끌어당긴다. 두 사람은 키스한다. 로즈는 크리스의 바지 지퍼로 손을 뻗는다.

크리스: 잠깐만, 집 구경은 어쩌고?

로즈가 "지금 농담하냐?"라는 표정으로 크리스를 쳐다본다. 크리스가 웃는다.

크리스: 뭐? 난 존중받고 싶어.

78쪽 삭제 장면

딘: 와. 이것 좀 봐 멋지지?

딘이 미시에게 멋진 사진을 보여준다.

미시: 멋지네. 정말 멋져.

딘이 촬영한 사진을 살펴보니 로즈의 아름다운 사진이 보인다.

크리스: 우리가 처음 만나 날 찍은 사진이에요.

로즈: 전 헌혈 활동에서 자원봉사를 하고 있었죠.

미시: 얼마나 오래전 일이지?

딘: 그래서...? 둘이 뭐 사랑하는 사이냐?

로즈: 뭐예요? 아빠...

292

크리스: 천천히 만나보려고 애를 썼는데...

크리스가 얼굴을 붉힌다. 크리스는 로즈를 바라본다. 로즈는 웃음이 나오는 걸 참을 수 없다.

미시: 정말 멋진걸.

미시: 괜찮니?

크리스: 네, 왜요?

미시: 약간 불안해 보여.

크리스: 괜찮아요. 밖에서 월터란 사람이 뛰어다녀서 깜짝 놀랐어요. 조지—

조지나가 찻주전자를 들고 온다.

조지나: 한 잔 줄까요?

크리스: 아뇨, 괜찮아요. 잠을 못 잘 것 같아서요.

미시: 들어와.

크리스가 들어간다.

INT. 미시의 사무실- 밤

조지나, 미시, 크리스가 서로 마주 보고 앉아 있다.

조지나가 찻주전자를 따르고 있다.

미시: 됐어요, 조지나.

조지나: 네네.

조지나가 자리를 뜬다. 미시가 차에 설탕을 넣고 젓기 시작한다.

미시: 둘 다 강박증이 있어... 너무 일찍 일어나.

크리스: 어머님은 어떠세요?

미시: 나도 잠 잘 못 자.

크리스: 저도 그래요.

미시: 침대가 불편하니?

크리스: 아뇨, 침대는 괜찮아요.

123쪽 삭제 장면

로즈: 나도 그런 적이 있어. 어렸을 때 무대공포증 때문에 엄마가 최면을 건 적이 있는데 정말 끔찍한 악몽을 꿨어. 그래도 효과가 있었어...

130쪽 삭제 장면

에이프릴: 누가 피부색에 신경을 써요? 맙소사.

크리스: 많은 사람이 신경 쓰죠.

파커: 말했잖아, 에이프릴. 세상은 신경 쓰고, 신경 쓰는 건 인간의 본성이지. 어느 쪽이 다른 쪽보다 낫다는 건 아냐. 큰 그림을 보면 항상 변화하고 있다는 것을 알 수 있어. "어떤 피부색이 문화적으로 더 유리한가"가 문제지.

로즈: 죄송한데요... 무슨 말씀이세요?

파커: 이 나라를 봐. 처음 몇 백 년 동안은 더 하얀 피부를 선호했지만, 상황이 다시 뒤바뀌었어. 그렇지 않니...? 까만 피부가 '유행'이야!

크리스: 실례할게요. 사진 좀 찍고 올게요.

크리스가 자리를 뜬다.

파커: 기분 나쁘라고 한 말은 아닌데.

로즈: 그래요? 왜냐하면 아저씨는 아직 인종에 대해 아주 복잡하고 헷갈리게만 말씀하시까요.

파커: 아니, 로즈야...

135쪽 삭제 장면

크리스가 로즈를 찾아온다. 크리스는 더 소름 끼치고 불안해한다. 딘의 목소리가 손님 전체에 울려 퍼진다.

딘: 안녕하세요!

모두 박수를 치며 딘에게 집중한다.

딘: 에헴! 잠시만 집중해 주세요. 말로 표현할 수 없을 만큼 오랜 세월이 지난 후에도 이렇게 다 같이 모일 수 있다는 게 아버지께 얼마나 큰 의미인지 말로 표현할 수 없습니다.

딘은 크리스를 본다.

딘: 오, 사실 우선 여러분, 이쪽은 제 딸아이의 남자친구 크리스입니다.

모두 크리스를 주목한다. 크리스가 부담스러울 정도다.

딘: 크리스는 멋진 사진작가이자 모든 면에서 좋은 청년입니다. 아직 못 만나셨다면 파티 중 꼭 한번 인사 나누세요.

크리스는 정자 옆에 혼자 앉아있는 어떤 남자를 본다. 남자의 운전기사가 자리를 뜬다. 딘이 사람들에게 말하는 동안 크리스는 남자에게 다가간다.

딘: 아버지가 살아 계셨다면, 새로운 십자군 전쟁을 기념하기 위해 옛 기사들이 어떻게 모였는지 상기시켜 주셨을 거예요. 기사단은 엄청난 부를 축적했지만 겸손한 삶을 살았다는 사실을 기억하라고 당부하셨을 거예요. 오늘 이 기념식에 모인 우리는 우리의 임무가 아직 끝나지 않았다는 사실을 잊지 말아야 합니다. 사실 이제부터 시작입니다. 그리고 앞으로 몇 년 동안 우리가 이 와인과 이 게임을 즐길 수 있도록 오래 전에 이루어진 희생을 잊지 말도록 합시다. 그러니 지금은 새로운 시대의 여명을 위해 건배합시다. 우리 앞 세대가 우리에게 선물한 새로운 시대. 감사합니다. 건배.

EXT. 정자 – 낮

딘이 연설하는 동안 크리스는 사람들이 모여 있는 곳에서 벗어난다.

138쪽 삭제 장면

제레미가 금수저처럼 보이는 29세의 친구 데릭과 함께 찾아온다.

제레미: 크리스, 같이 좀 가주면 안 돼? 배드민턴 게임에서 누군가를 한 방 먹여야 하는데.

크리스가 눈을 굴린다.

크리스(짐에게): 만나서 반가웠어요.

크리스, 제레미, 데릭이 자리를 뜨기 시작한다.

짐: 갤러리에 한번 들러. 자네도 개인전을 할 때가 됐으니.

크리스: 정말요? 와, 좋아요. 고마워요. 제게 너무 좋은 기회가 되겠네요.

짐: 언제 한번 만나지.

EXT. 뒷마당 – 잠시 후

크리스와 로즈가 제레미와 데릭을 상대로 배드민턴을 치고 있다. 크리스는 정말 재미있어 한다. 크리스가 라켓을 크게 휘두르지만 셔틀콕을 놓친다.

제레미: 하! 자, 자, 자. 형은 더 잘할 수 있어!

크리스: 실력 발휘가 안 되네.

제레미: 발휘할 실력이 있었나.

로즈: 닥쳐, 제레미.

제레미: 난 그냥 누나 남자친구가 좀 더 열심히 하지 않으면 우리 대신 할아버지의 옛날 친구 중 한 명을 데려오는 게 낫다고 얘기하는 것뿐이야.

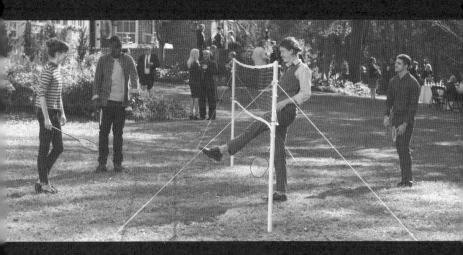

크리스: 워, 워, 알았어. 한번 해보겠단 말이지.

제레미: 서브나 넣어.

크리스가 셔틀콕을 세게 쳐서 서브를 넣는다. 다음 랠리는 길어진다. 경기가 진행될 수록 점점 더 많은 손님이 경기를 보러온다. 그들의 시선은 셔틀콕을 따라가기보다는 크리스의 플레이에 가 있다. 크리스가 인상적인 다이빙 플레이로 마무리한다. 데릭이 못 받아치자 관중은 열광한다. 크리스가 두 팔을 번쩍 들어 올려 승리의 세리머니를 한다.

크리스: 봤지!

로즈: 야호, 자기야!

제레미: 내가 얘기한 게 바로 그거야!!! 좋아, 짐승으로 보이네! 보여! 다시!

크리스가 서브를 하려고 한다. 그는 희색이 만면한 관중의 얼굴을 훑어본다. 모두가 크리스를 응원하고 있다. 관중은 그를 좋아한다. 크리스가 관중을 훑어본다. 너무 많다.

크리스: 잠깐만. 여기.

로즈: 무슨 생각해—

크리스: 화장실 좀 다녀올게.

크리스는 고든 그린에게 라켓을 건네준다.

162쪽 삭제 장면

로즈가 크게 실망한다. 로즈는 눈물을 감추려 애쓴다. 긴 침묵이 흐른다.

로즈: 나 늦어지네.

크리스: 늦어진다고?

로즈: 지난 주쯤 생리를 했어야 했어.

크리스: 오.

로즈: 피임약을 바꿨으니 그냥 그럴 수도 있지만...

크리스는 조용히 생각한다.

로즈: 그래서...?

크리스: 무슨 말을 해야 할지 모르겠어.

로즈: 아무 말이나 해봐.

164쪽 삭제 장면

크리스와 로즈가 호수 너머로 지는 석양을 바라보고 있다. 크리스가 로즈의 손에 입맞춤한다. 멀리서 희미한 '박수' 소리가 들린다. 크리스는 집이 있는 방향을 쳐다본다.

로즈: 자기를 붙잡으려고 말한 건 아니고 그냥 자기도 알아야 할 것 같아서.

181쪽 삭제 장면

동자가 빛나며 희미한 파란색으로 깜빡인다. 마침내 라이터를 켜고 짐승의 존재를 느낀 크리스는 고개를 돌리지만 그 생명체는 옆에서 사라진다.

뒤를 돌아보니 거기에 있다. 아주 가까이. 머리는 사슴의 두개골이고 눈은 희미하게 푸른빛을 띠고 있다. 괴물은 증오에 차고 고통스러운 신음을 낸다.

190쪽 삭제 장면

로드는 시드를 무릎에 앉힌 채 책상에 앉는다... 40세의 흑인 형사 라토야가 들어온다. 이 일에 잔뼈가 굵은 인물이다.

라토야: ...그럼 다시 올라가서 모든 걸 확인했어야 했어요. 이봐요, 이건 어때요? 증거를 수집했으면 수집한 사람이 책임져야죠.

라토야는 문을 닫고 책상에 앉는다. 그러고는 봉지를 뜯어 해바라기씨를 먹기 시작한다.

195쪽 삭제 장면

INT. 게임룸 – 잠시 후

크리스가 갑자기 깨어난다. 그는 다시 주변을 둘러본다. 아직 같은 방에 있다. 크리스는 의자 팔의 가죽이 뜯어질 정도로 긁는다.

크리스: 좋아. 좋았어! 원하는 게 뭐야? 날 망가트리려고? 됐어. 난 빈털터리야. 나더러 어쩌라고? 나더러 어쩌라고????

크리스는 지쳤다. 그는 어처구니 없는 상황에 웃음을 터뜨린다. 텔레비전이 깜빡이고 다시 찻잔 이미지에 초점이 맞춰진다. 숟가락이 휘저어지더니 잔의 측면에 부딪친다. 크리스의 얼굴에 공포가 스쳐 지나간다.

크리스: 안 돼—

다시 크리스가 마비된다.

대체 결말

경찰 두 명이 차에서 내려 총을 들고 크리스에게 다가간다.

대체 결말

INT. 경계가 삼엄한 감옥. 면회실 – 밤

로드는 죄수복 차림에 담배를 피우는 크리스의 맞은편에 앉아 있다. 크리스의 머리카락과 수염이 자라 있다. 긴 침묵이 흐른다.

로드: 난 정말...

크리스: ...기억이 안 나...

로드: ...그 사람들 이름을 기억하는 것이 얼마나 중요한지 너한테 각인시킬 필요가 있어.

그 전에도 이런 대화를 여러 번 나눴던 게 분명하다.

크리스: 기억이 안 나.

로드: 나를 도와야 해. 그거 알아? 비밀 모임이라면 구글에서 정보를 찾기가 쉽지 않아. 관련 정보가 금방 사라진다고. 존나 넓은 모래 사장에서 바늘 찾는 기분이라고.

크리스: 기억이 안 나.

로드: 제발 다시 기억을 되살려봐.

크리스: 로드.

로드: 처음부터 다시 해보자. 다시 설명해 줘.

크리스: 로드.

로드는 자신의 말이 전혀 먹히지 않는다는 걸 안다.

크리스: 난 괜찮아.

로드: 아냐.

크리스: 난 멈췄어. 알아? 멈췄다고.

크리스는 차분하다. 그는 담배를 한 모금 빨고 일어나 자리를 떠난다.

INT. 경계가 삼엄한 감옥 – 밤

교도관 두 명이 크리스를 감방으로 안내한다. 크리스는 휘파람으로 〈네겐 친구가 있잖아You've Got a Friend〉라는 노래를 부른다.

끝

겟 아웃 각본집

초판 1쇄 2024년 9월 7일

지은이 조던 필
옮긴이 박수민
펴낸이 박수민
편집 황병홍
펴낸곳 모던아카이브 · **등록** 제406-2013-000042호
전화 070-8877-0479
팩스 0303-3440-0479
이메일 do@modernarchive.co.kr
블로그 modernarchive.co.kr

ISBN 979-11-87056-44-7 03680